KB061027

인터넷
생태계에 대한
9가지 질문

나남
nanam

나남신서 1851

인터넷
생태계에 대한
9가지 질문

2016년 2월 5일 발행
2016년 2월 5일 1쇄

지은이   김성철·권영선·김민기·김성륜·남찬기
         류민호·안정민·이홍규·정윤혁·최세정
발행자   趙相浩
발행처   (주) 나남
주소   413-120 경기도 파주시 회동길 193
전화   (031) 955-4601(代)
FAX   (031) 955-4555
등록   제 1-71호(1979.5.12)
홈페이지   http://www.nanam.net
전자우편   post@nanam.net

ISBN 978-89-300-8851-0
ISBN 978-89-300-8001-9(세트)

책값은 뒤표지에 있습니다.

나남신서 1851

인터넷 생태계에 대한 9가지 질문

김성철 · 권영선 · 김민기 · 김성륜 · 남찬기
류민호 · 안정민 · 이홍규 · 정윤혁 · 최세정

나남
nanam

인류의 역사를 예수 이전(B. C.)과 이후(A. D.)로 나누어 왔지만 이제는 인터넷 이전과 이후로 나누는 것이 더 적절한지도 모른다. 그만큼 인터넷이 우리 삶에 미치는 영향이 엄청나기 때문이다. 사실 인터넷 생태계는 우리가 매일매일 일하고 놀고 소통하고 거래하는 행위의 장이 됐다. 자연스럽게 인터넷 이전에 우리가 일하고 놀고 소통하고 거래하던 방식들은 점차 그 비중이 줄어들고 있는데, 이는 인터넷 산업과 전통 산업 간에 갈등이 발생하는 원인이 되고 있다.

한편 인터넷 생태계는 그 특성상 특정 지역이나 공간에 머무르지 않고 국가의 경계를 넘어 세계 전체를 연결하기 때문에 오프라인 세계에서 통용되던 제도나 규칙 그리고 관습들을 무력화하고 있기도 하다. 글로벌 인터넷 문화가 현지 문화를 대체하는 현상도 쉽게 발견된다. 인터넷은 미국에서 시작된 만큼 기술적으로나 산업적으로 미국이 그 발전을 선도하는 것이 사실이다. 인터넷 관련 정책도 미국의 정책이 일종의 참고서 역할을 한다. 따라서 미국의 인터넷 기업들이 글로벌 시장에서 나름대로의 생태계를 구축하고 주도권을 행사하는 것도 낯설지 않다. 우리나라는 다행히 인터넷 산업에서는 주권을 어느 정도는 유지해 왔다. 우리말로 된 검색엔진과 포털이 인터넷의 관문이 되어 있고 모바일 메신저도 국산이 주로 사용된다. 인터넷으로 접근하는 게임이나 영화 그리고 음악 콘텐츠들도 국산이 주를 이룬다. 그런데 소셜 미디어, 앱스토어, 동영상 유통 플랫폼 등에서는 글로벌 인터넷 기업에게 잠식되는 현상이 강하게 나타나고 있다.

인터넷은 유선 인터넷으로 출발했으나 모바일 네트워크가 광대역으로 진화하고 스마트폰이 보급되면서 언제 어디서나 가용한 모바일 인터넷으로 진화했고, 우리의 생활 속으로 더 깊숙이 침투했다. 모바일 인터넷은 이제 사람들이 기기를 통해 네트워크에 연결되는 상태를 넘어 사물이 인터넷에 연결되고 사물과 사물이 상호작용하는 사물인터넷 단계로 진화하고 있다. 문제는 사물인터넷 생태계에서는 기술적인 혁신이 가져올 기회가 엄청나지만 위협 역시 심각하다는 것이다. 예를 들어, 개인정보가 누출되어 범죄에 악용될 여지도 커지고 기계의 오작동에 의한 피해가 증가할 가능성도 있다.

인터넷의 영향이 확대되고 인터넷 산업이 성장하면서 그에 대한 수많은 질문들이 제기되었지만 우리나라 인터넷 생태계 관점에서 충실한 답변이 제공된 경우는 많지 않았다. 특히 인터넷 산업의 현재와 미래를 조망해 보는 것이 인터넷 생태계의 건강한 성장과 우리 사회의 지속적인 발전을 위해 꼭 필요함에도 불구하고 인터넷 생태계에 대한 중요한 질문들을 다학제(多學際) 간 관점에서 집중적으로 분석한 시도는 거의 없었다. 이 책은 다양한 학문 분야에 속한 10명의 학자들이 우리나라 인터넷 생태계에 대해 1년 동안 함께 고민한 결과로서, 인터넷 생태계와 관련된 몇 가지 중요한 질문들에 대해 체계적인 답변을 제공하는 것을 그 목적으로 한다.

이 책은 총 9가지 질문에 각각 대응하는 9개의 장으로 구성되어 있다. 1장에서는 카이스트 기술경영학과 권영선 교수가 인터넷 시장의 특성은 무엇인가에 대한 답을 제시한다. 2장에서는 카이스트 기술경영학과 남찬기 교수가 인터넷 기업의 가치는 적정하게 평가되고 있는가를 실증적으로 논한다. 역시 카이스트 기술경영학과에 재직 중인 이홍규 교수는 3장에서 인터넷 기업은 지속 가능한가에 대한 포괄적인 답변을 시도한다. 4장부터 5장까지는 인터넷 산업의 핵심 수익모델인 광고를 다룬다. 고려대 미디어학부 최세정 교수가 인터넷 광고는 스마트해지고 있는가를 4장에서 설명하며, 5장에서는 나만을 위한 맞춤광고, 그 편리함 이면에는 무엇이 있는가에 대해 한림대 국제학부 안정민 교수가 답을 한다. 6장부터 9장까지는 인터넷 생태계에서 화두가 되고 있는 주요 이슈들에 대한 구체적인 답변으로 채워져 있다. 6장에서는 카이스트 경영대학 김민기 교수가 바이럴 마케팅은 어떻게 작동하는가를 흥미롭게 기술한다. 7장에서는 우리는 스마트폰에 중독되어 있는가를 울산과학기술원 경영학부 정윤혁 교수가 분석해 본다. 8장의 주제는 미래지향적인데, 연세대 전기전자공학부 김성륜 교수가 무선통신 기기도 사회적 관계를 가질 수 있는가를 논한다. 마지막으로 9장에서는 네이버 인터넷산업연구팀 류민호 박사와 고려대 미디어학부 김성철 교수가 인터넷 검색서비스에 산업규제를 적용할 것인가를 구체적으로 설명하면서 이 책을 마무리한다.

스페인 알함브라 궁전의 전모를 파악하려면 궁전 내부에 머무르기보다는 궁전 건너편 언덕에서 계곡 넘어 있는 궁전을 관망하는 것이 좋다. 이 책을 집필한 학자들은 사실 인터넷 산업에 종사하는 당사자는 아니지만 어느 정도 거리를 두고 인터넷 산업을 객관적으로 관망할 수 있는 구경꾼의 여유와 관록을 갖고 있다. 이 책은 인터넷 산업이라는 신비한 궁전에 대한 지적 호기심을 가진 연구자들의 집단지성이 만들어 낸 합작품으로서의 의미를 갖는다. 원고를 집필하느라 수고한 저자들에게 감사의 말씀을 드리며 연구모임에서 보여준 그들의 탁월한 식견과 열정에도 감사한다. 또한 인터넷 산업에 대한 연구모임을 물심양면으로 후원해 주신 네이버 한종호 이사와 윤영찬 이사께 깊은 감사를 드린다. 연구모임을 지원하는 실무를 맡아 고생한 원수섭 차장과 한석주 과장, 연구모임 간사를 맡았던 김정환 박사 그리고 이 원고의 정리를 맡아 준 박지은, 황신영 조교에게도 감사하는 마음이다. 마지막으로 연말연시 바쁜 일정 속에서도 이 책의 출판을 위해 큰 수고를 아끼지 않은 나남출판사의 방순영 이사와 민광호 과장께도 감사한다. 부디 이 책을 통해 인터넷 생태계에 대한 많은 구경꾼들의 호기심이 충족되기를 기대한다.

필자들을 대표하여
김성철

나남신서 1851

인터넷 생태계에 대한 9가지 질문

| 차례 |

01 인터넷 시장의 특성은 무엇인가?

권영선 카이스트 기술경영학과

1. 인터넷 시장이란?

1) 인터넷 무료이용과 기업 수익

인터넷은 수많은 회선과 교환기로 상호 연결된 여러 컴퓨터 네트워크의 집합체로서 사람과 사물, 사람과 사람, 사람과 기업, 기업과 기업, 사람과 정부, 정부와 정부 사이의 소통과 상거래를 매개한다. 인터넷은 지난 수십 년간 성장과 발전을 지속하면서 웹(World Wide Web), 정보검색, 게임, 전자상거래, 공공서비스 이용, 사회인맥 관리와 소통, 인류의 지식 축적 등의 서비스를 제공하는 기반 네트워크가 되었고, 인류의 일상적인 정치, 경제, 사회, 문화 활동에 있어서 항상 필요한 범용네트워크 기술(*general purpose technology*)로 발전해 왔다.

국제전기통신연합(ITU: International Telecommunication Union)이 발표하는 '주요 정보통신 지표'(*Key ICT Indicators*)에 의하면, 전 세계 유선 인터넷 사용자는 2005년 약 2억 2천만 명에서 2014년 약 7억 1천만 명으로 증가했고, 무선 인터넷 사용자는 2007년 약 2억 7천만 명에서 2014년에는 10배 가까이 증가한 약 23억 2천만 명에 다다른 것으로 추정된다. 특히 국제전기통신연합의 통계에 따를 때, 2013년 초 기준으로 우리나라는 초고속 유선 인터넷(최소 10Mbit/s 이상의 속도를 내는 인터넷) 서비스의 인구 100명당 보급률에 있어서 세계 1위를 차지하였다(ITU, 2014).

우리나라 국민은 우수한 인터넷을 매우 활발하게 이용하고 있다. 미래창조과학부와 한국인터넷진흥원이 발표한 '2014년 인터넷 이용 실태 조사'에 따르면, 우리나라 만 3세 이상 인구의 83.6%가 인터넷을 사용하고 있고, 특히 10~30대 인구는 거의 100% 인터넷을 이용하고 있다. 40대 인구도 약 98%가 인터넷을 이용하고 있다. 동 조사에서 인터넷 이용자를 대상으로 복수의 인터넷 이용 동기를 나열하고 선택하라고 했을 때, 이용자의 91.1%가 자료와 정보 획득을 위해 인터넷을 이용한다고 답했다. 이어서 약 90%의 이용자가 전자메일, 채팅, 인터넷 전화, 소셜 네트워크 서비스(SNS) 이용 등 쌍방향 소통을 위해서 인터넷을 이용하고, 약 80%의 이용자가 음악, 게임 등 여가활동을 위해 인터넷을 이용하는 것으로 나타났다. 즉, 이용자의 80% 이상이 공통적으로 사용하는 서비스는 이상 3가지로서, 인터넷을 주로 정보획득, 여가활동, 소통을 위해 사용하는 것으로 나타났다. 그 다음으로 많은 사람이 선택한 인터넷 이용 목적은 인터넷뱅킹과 전자상거래(58.7%), 교

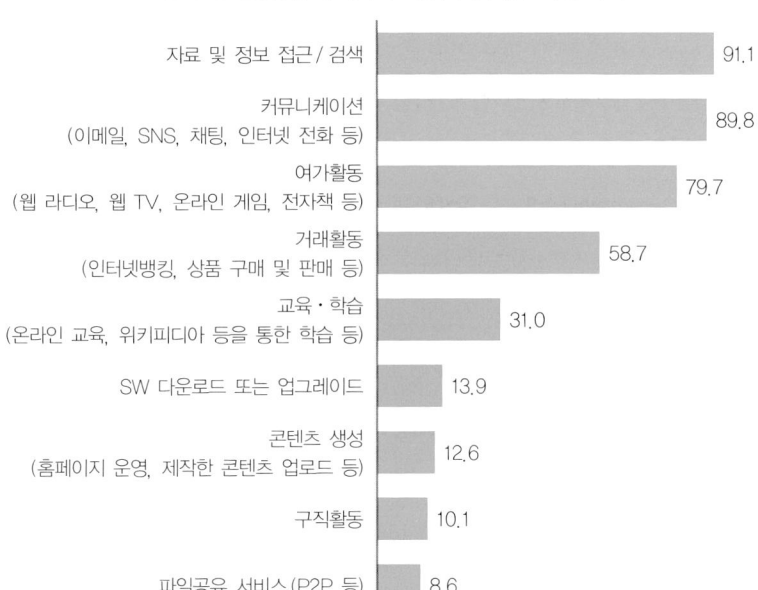

그림 1-1 2013년 우리나라 국민의 인터넷 이용 목적

자료 및 정보 접근 / 검색	91.1
커뮤니케이션 (이메일, SNS, 채팅, 인터넷 전화 등)	89.8
여가활동 (웹 라디오, 웹 TV, 온라인 게임, 전자책 등)	79.7
거래활동 (인터넷뱅킹, 상품 구매 및 판매 등)	58.7
교육·학습 (온라인 교육, 위키피디아 등을 통한 학습 등)	31.0
SW 다운로드 또는 업그레이드	13.9
콘텐츠 생성 (홈페이지 운영, 제작한 콘텐츠 업로드 등)	12.6
구직활동	10.1
파일공유 서비스(P2P 등)	8.6

자료 : 미래창조과학부·한국인터넷진흥원, '2014년 인터넷 이용 실태조사'

육 및 학습(31.0%), 소프트웨어 획득(13.9%)인 것으로 파악되었다. 이하 10%대의 이용자가 인터넷을 이용하는 용도에는 홈페이지 운영 및 콘텐츠 생성, 구직활동, 파일공유 등이 있는 것으로 나타났다(그림 1-1 참조).

인터넷 이용자가 주로 정보획득, 여가활동, 소통을 위해 인터넷을 이용하고 금융 및 직접적 상거래는 59%의 이용자만이 활용하기 때문에 인터넷이 경제활동과 관련이 적은 것으로 생각할 수 있으나, 이는 인터넷의 상거래 형태를 잘못 이해한 것이다. 이 글의 3절 '인터넷 시장의 경제적 특성'에서 상술할 것이나, 인터넷을 통해 서비스를 제공하는 기업들은 많은 경우 무료 서비스를 제공해 이용자를 모은 후 이용자들에게 광고를 노출하여 광고수입을 창출함으로써 무료 서비스 제공에 들어가는 비용을 회수하는 광고 기반 사업모형을 사용한다. 따라서 인터넷 이용자가 인터넷을 주로 정보획득, 여가활동, 소통을 위해 사용한다고 해서 인터넷 이용이 기업활동과 무관하다고 이해해서는 안 된다.

2) 인터넷 시장이란?

인터넷 시장은 인터넷에 존재하는 시장이라고 보면 되나, 인터넷 시장 개념을 좀더 구체적으로 이해하려면 먼저 시장의 개념부터 이해해야 한다. 시장은 소비자와 판매자가 대면 또는 비대면으로 만나서 상품이나 서비스를 거래하는 물리적 또는 개념적 공간이라고 할 수 있다. 전형적인 사례는 재래시장으로서, 재래시장은 중소상인들이 상품을 가져와 소비자들과 만나 흥정하고 거래하는 공간이다. 이처럼 물리적으로 식별할 수 있는 공간에 시장이 존재하기도 하지만, 주식시장처럼 개념적으로 존재하는 시장도 있다. 과거에는 주식시장에서도 재래시장처럼 수요자와 공급자가 만나서 거래가 이루어지기도 했으나 요즈음에는 많은 투자자가 컴퓨터나 스마트 기기를 이용해 직접 주식거래를 한다. 재래시장 운영자나 증권회사는 상품이나 주식을 거래하는 장터를 제공하는 플랫폼 사업자인 것이다.

　인터넷 시장은 기본적으로 소비자와 판매자가 인터넷상에서 만나 상품이나 서비스를 거래하는 가상의 공간이라고 정의할 수 있고, 인터넷에는 많은 장터(플랫폼) 사업자가 존재한다. G마켓, 옥션, 11번가 등이 대표적인 인터넷 쇼핑몰 사업자이다. 인터넷 쇼핑몰에서는 소비자와 판매자가 인터넷에서 만나 매매를 하면 상품이나 서비스가 기존 유통과정을 통해서 소비자에게 전달된다. 인터넷 쇼핑몰 사업자의 플랫폼에는 중소상인이 입점하고, 소비자는 관심 상품 분야를 방문해 물건을 비교·선택한 후 구매한다. 물론, 상품거래를 위한 인터넷 시장만 존재하는 것은 아니고, 음원이나 영화, 전자책, 게임이나 소프트웨어와 같이 디지털화된 상품을 판매하는 인터넷 시장도 존재한다. 이런 인터넷 시장에서는 이용자가 인터넷 시장에 직접 소비자로서 참여해 판매자와 거래를 한다.

그런데 인터넷에는 현실에 존재하는 시장을 대체하는 형태로서의 시장만 존재하는 것이 아니고, 인터넷 이용자가 자신을 소비자로 인식하지 못하는 시장이 또한 존재한다. 이러한 시장의 전형적인 사례가 바로 인터넷 포털 사업이다. 앞서 소개한 것과 같이 인터넷 포털은 전자메일, 검색서비스 등 핵심 서비스를 기반으로 이용자를 모으고 이러한 이용자들에게 광고를 노출하여 광고수입을 확보함으로써 서비스 제공에 필요한 비용을 충당한다. 일단 이용자가 인터넷 포털에 자주 들르게 한 다음에는 대형할인매장, 백화점, 쇼핑센터, 놀이공원과 같이 다양한 콘텐츠를 제공해 오래 머물게 하려고 한다. 이용자가 많을수록 광고를 많이 볼 것이고 그만큼 인터넷 포털의 광고단가가 증가하기 때문이다. 이처럼 인터넷 포털은 광고주(대개의 경우 상품이나 서비스를 판매해야 하는 기업)와 소비자를 연결하는 장터 역할을 하나, 일반 장터와 다른 것은 직접 판매자와 소비자가 거래를 하는 것이 아니고 판매자의 상품이나 서비스를 소비자에게 광고해 주는 역할을 한다는 점이다.

3) 인터넷 시장과 현실 시장의 관계는?

그러면 인터넷 시장과 우리 주변에 존재하는 현실 시장은 어떤 관계를 갖는가? 결론부터 이야기하면 많은 경우 경쟁적 관계를 형성한다. 상품이나 서비스 사업자가 지리적, 시간적 제약을 벗어나 소비자 접점을 넓히기 위해 인터넷을 이용할 경우 현실 시장의 매출이 인터넷 시장의 매출로 전환되기 때문에 대체관계를 형성한다. 예를 들면, 대전시 유성구의 배 판매업자가 동네 시장에서 배를 판매하면서 동시에 G마켓에 입점해 전국의 소비자를 대상으로 배를 판매하면 인터넷 시장과 현실 시장은 대체관계를 유지하게 되는 것이다. 판매자의 입장에서는 판매 채널 다양화를 통해서 매출과 이윤을 높일 수 있으나 전체 시장의 관점에서는 오프라인 판매가 온라인 판매로 대체된 것이다. 물론, 이 경우 사업자 간 경쟁이 심화되고 가격인하 경쟁이 발생하여 전체 시장 규모가 확대되는 효과가 발생할 수도 있다. 이와 같이 시장 확대 효과가 있을 때에 한하여 인터넷 시장과 현실 시장의 관계는 보완적일 수 있으나, 이러한 경우가 얼마나 자주 발생할지는 특정 시장에서 수요의 가격탄력성과 같은 변수에 의해 결정되기 때문에 실제 데이터를 갖고 분석하기 전에는 알 수 없다.

　인터넷 시장과 동네 시장이 대체 관계에 있을 수 있다는 것이 실제 경험적 연구에 의해 보고된 경우가 있다. 2012년 중반에 매출이 줄어드는 재래상권을 살린다는 취지에서 대형마트의 주말 영업을 1달에 2번 금지하는 대형마트 영업일 규제정책이 시행되었다. 이후 전국의 업태별 매출변화를 분석한 연구결과에 따르면, 이 정책의 추진 결과 대형마트 매출은 줄어들었으나, 원래 정책의도와는 다르게 대형마트에서 줄어든 매출이 재래시장이 아닌 온라인 시장 매출로 옮겨 간 것으로 분석되었다(이은주·권영선, 2014). 이 결과는 오프라인 시장 매출과 온라인 시장 매출 사이에 대체관계가 존재한다는 점을 간접적으로 시사한다.

2. 인터넷 시장의 공급사슬

흔히 인터넷 시장의 공급사슬은 콘텐츠(C: Content) - 플랫폼(P: Platform) - 인터넷(N: Network) - 단말기(D: Device)로 구성되어 있다고 한다. 인터넷 이용자는 단말기와 특정 인터넷 접속사업자의 서비스를 이용해 인터넷에 접속한 후 원하는 콘텐츠를 이용한다. 콘텐츠 제공자는 음원, 비디오, 뉴스와 같은 멀티미디어 서비스 제공자, 블로그 작성자, 포털 사업자, 카카오톡이나 페이스북과 같은 SNS 제공자, 전자상거래 기업, 정부와 공공기관 등 수많은 형태의 서비스 제공자들을 포함한다.

P로 표시되는 플랫폼 사업자는 다양한 콘텐츠 제공자에게 서비스 제공 플랫폼을 제공하고 이용자들이 플랫폼을 방문해 이용할 수 있게 하는 온라인 유통사업자에 해당한다. 대표적인 인터넷 플랫폼 사업자로는 네이버와 다음 같은 인터넷 포털 사업자가 있다. 콘텐츠만 제공하는 순수한 형태의 콘텐츠 사업자도 있으나, 요즈음에는 많은 콘텐츠 사업자가 플랫폼 사업자로서 동시에 활동하고 있고, 플랫폼 사업자도 게임 등 다양한 콘텐츠를 직접 제공하기도 한다. 따라서 플랫폼 사업자와 콘텐츠 사업자 사이의 경계가 사실상 그렇게 선명하지는 않다. 미국에서

그림 1-2 인터넷 시장의 서비스 흐름

| 콘텐츠 및 플랫폼 사업자 | 인터넷 접속사업자 | 인터넷 이용자 |

는 콘텐츠 사업자와 플랫폼 사업자의 구분이 모호해지고 있는 점과, 콘텐츠 및 플랫폼 사업자는 인터넷의 한쪽 경계에 위치해 있는 사업자로서 다른 한쪽에 있는 인터넷 이용자에게 서비스를 제공한다는 구조적 특징에 초점을 맞추어 이들을 경계 사업자(edge providers)라고 부르기도 한다.

N으로 표시되는 인터넷 접속사업자(ISP: Internet Service Providers)는 네트워크 플랫폼을 이용해 경계 사업자와 인터넷 이용자를 연결해 주는 서비스를 제공한다. 현재 인터넷 접속서비스는 주로 KT, SK텔레콤, LGU+와 같은 통신 사업자와 CJ헬로비전, 티브로드 등 종합유선방송 사업자가 제공하고 있다. 인터넷 접속사업자도 단순히 인터넷 서비스만 제공하는 것은 아니고, 동시에 플랫폼 및 콘텐츠 사업자로서 인터넷 생태계에 참여한다. 종합유선방송 사업자는 지역별로 대개 하나의 독점사업자가 있기 때문에 우리나라 인터넷 이용자들은 유선의 경우 통신 3사와 유선방송 사업자 중 하나로부터 인터넷 접속서비스를 구매하고, 무선 인터넷의 경우에는 주로 통신 3사의 서비스를 이용한다.

D나 T(Terminal equipments)로 표시되는 단말기는 삼성전자, LG전자, 애플과 같은 전자기기 업체에 의해 생산된다. 전화 기능이 없는 컴

퓨터나 스마트 기기는 단말기 판매와 인터넷 접속서비스가 분리되어 이용자에게 판매되고 있으나, 전화와 무선 인터넷에 동시에 사용되는 스마트 기기는 아직까지 대부분의 경우 이동통신 서비스와 결합되어 판매되고 있다. 단말기를 이용해 다양한 인터넷 콘텐츠와 서비스를 사용하는 이용자의 경우 유·무선 인터넷 사용에 있어서 매월 정액요금을 납부한다. 그런데 데이터 사용량에 있어서는 큰 차이가 있어서, 유선 인터넷의 경우에는 무제한 사용이 가능하지만, 이동통신망을 이용한 무선 인터넷의 경우에는 데이터 사용량에 제한이 있고, 무선 데이터 사용 한도는 요금제에 따라 차이가 있다. 따라서 무선 인터넷 요금제의 경우에는 데이터 사용량에 따라 요금이 달라지는 종량제 요금의 성격을 갖고 있다고 할 수 있다.

3. 인터넷 시장의 경제적 특성

인터넷 시장은 인터넷이란 가상의 공간에 있는 시장이기 때문에 이용자와 판매자가 현실 시장에서 직면하는 공간적, 시간적인 물리적 제약에서 자유로워진다. 인터넷에서는 아마존닷컴을 방문하는 데 있어서 우리나라의 교보문고를 방문하는 것과 시간상으로 차이가 없다. 물리적으로는 아시아 지역 아마존닷컴의 서버가 있는 싱가포르와 교보문고의 서버가 있는 서울이 약 4,700킬로미터 떨어져 있으나 전자파가 빛의 속도로 움직이기 때문에 인터넷에서는 거리의 차이가 사람이 인지할 정도로 나타나지 않는다. 아울러, 인터넷은 분산된 여러 네트워크가 상호 연결을 통해 결합된 집합체이기 때문에 어느 한 국가, 한 기업, 한 사람이 인터넷 전체를 통제할 수는 없다. 중국이 중국과 세계 사이에 교환되는 정보를 검열할 수는 있어도 인터넷 전체를 검열할 수는 없는 것도 이러한 인터넷의 분산구조 때문이다. 인터넷의 이러한 물리적, 구조적 특징으로 인하여 인터넷 시장은 많은 독특한 특성을 갖고, 시장은 수요자와 판매자로 구성되기 때문에, 인터넷 시장의 특징을 수요 측면, 공급 측면, 시장 구조적 측면에서 소개한다.

1) 수요 측면의 특성

(1) 낮은 거래비용과 전환비용

인터넷에서는 이용자의 이동이 쉽다. 지리적 경계가 존재하지 않는다. 모든 인터넷 서비스는 서비스 제공에 필요한 플랫폼을 저장한 컴퓨터 서버를 기반으로 해서 제공되고, 상품이나 서비스가 전자적으로 제공되기 때문에 서버의 물리적 위치나 공간적 거리가 이용자의 서비스 선택이나 이용에 있어서 중요한 변수로 작용하지 않는다. 인터넷 브라우저는 이용자에게 빠르고 쉬운 이동성을 제공해 준다. 이로 인해 이용자는 여러 인터넷 쇼핑몰을 손쉽게 방문해 가격을 비교할 수 있고, 여러 인터넷 신문을 옮겨 가며 읽을 수 있다. 소비자가 인터넷 시장에서 수요를 전환할 때 전환비용이 매우 낮고, 소비자가 직접 매장을 방문하지 않아도 되기 때문에 시장에서 거래비용도 낮다.

아울러, 다양한 가격비교 정보가 제공되고 손쉽게 여러 경쟁 인터넷 쇼핑몰을 방문해 가격을 비교할 수 있기 때문에 소비자와 판매자 사이의 정보의 비대칭성도 현실 시장에 비하여 매우 적다고 할 수 있다. 시장에서 정보의 비대칭성은 판매자가 소비자보다 상품이나 서비스의 가격과 질에 대해 보다 많은 정보를 가진 현상을 의미하는 용어이다. 판매자와 소비자 사이에 정보의 비대칭성이 커지면 커질수록 소비자는 많은 시간과 노력을 들여 상품정보를 파악해야 하기 때문에 거래비용이 증가하고, 그만큼 판매자는 소비자에게 경쟁가격보다 높은 가격에 물건을 판매할 가능성이 높아지는 것이다.

그러나 인터넷 시장에서는 손쉬운 가격비교가 가능하기 때문에 판매자와 소비자 사이의 정보의 비대칭성이 낮고, 그만큼 인터넷 시장에서는 현실 시장에 비하여 판매자 간 경쟁 수준이 높아질 수밖에 없다. 한마디로 인터넷 시장의 효율성이 현실 시장보다 높은 것이다. 이러한 현상은 멀티호밍(*multi-homing*)이란 용어로 설명되기도 한다. 멀티호밍이란 원래 공학적 개념으로서, 한 서버에 복수의 인터넷 주소를 할당하거나 복수의 인터넷 서비스 제공자를 연결해 서비스의 안정성과 신뢰성을 높이는 네트워크 구성 원칙을 의미한다. 이와 같은 원래의 공학적 개념과는 달리, 인터넷 서비스 시장의 수요 측면에서 서비스 제공자의 다양성에 기인한 인터넷 이용자의 사업자 전환 용이성을 의미하는 개념으로도 사용된다.

요약하면, 인터넷 시장에서는 현실 시장에서보다 거래비용과 사업자 전환비용이 낮고, 판매자와 소비자 사이에 정보의 비대칭성이 낮아 사업자 간 경쟁이 상대적으로 치열하다고 할 수 있다. 이러한 인터넷 시장의 특성은 궁극적으로 수요 측면에서 소비자의 상품 또는 서비스 구매에 있어서 대체탄력성이 높아지는 결과를 초래한다.

(2) 무료 서비스와 양면시장

앞서 인터넷 시장의 개념을 설명할 때 언급한 것과 같이, 인터넷 이용자가 인터넷 시장에 소비자로 참여해 상품이나 서비스를 구매할 수도 있으나, 소비자로서 명시적으로 참여하지는 않지만 사실상 소비자 역할을 하는 경우가 있다. 인터넷 이용자는 지식이나 정보를 검색하거나 지도를 이용할 때 사용료를 지불하지 않는다. 전자메일을 무료로 사용하고, 문서나 동영상 저장 공간도 무료로 사용한다. 이용자는 이렇게 무료로 서비스를 이용하는 동안 노출 광고를 보고, 필요한 정보를 검색하는 과정에서 찾는 정보와 관련된 광고를 보게 된다. 즉, 이용자는 사용료를 내지 않지만 시청한 광고를 통해 간접적으로 비용을 지불한 것이 된다. 이러한 사업형태를 일반적으로 양면시장의 플랫폼 사업이라고 부른다. 이처럼 무료로 서비스를 제공하고 서비스 제공비용을 광고수입으로 충당하는 사업형태가 인터넷에서 처음 등장한 것은 아니다. 이미 방송시장에서는 이러한 형태를 1세기 넘게 사용해 왔다.

양면시장의 대표적 사례로서 인터넷 포털 시장을 들 수 있다. 그림 1-3과 같이 인터넷 포털을 중심으로 광고시장과 이용자시장, 두 시장이 존재한다. 인터넷의 다양한 포털은 그림에서와 같이 두 개의 시장을

그림 1-3 양면 인터넷 시장의 예시

광고주
(기업)　　　광고 매매　　　인터넷
포털　　　광고 시청/
무료 이용　　　인터넷 이용자

연결하는 역할을 한다. 인터넷 포털은 다양한 무료 서비스를 제공해 이용자를 모으고, 이들이 오래 머물고 자주 들르게 함으로써 보다 자주 이용자들에게 광고를 노출한다. 광고 노출 횟수가 올라가면 광고단가가 올라가고 인터넷 포털의 수익은 향상된다.

실제로 우리나라의 대표적 인터넷 포털 기업인 네이버의 매출구성을 보면, 그림 1-4에서와 같이 검색 광고가 가장 많은 58.5%를 차지하고, 여기에 배너 형태로 광고를 보여 주는 디스플레이 광고 매출 14%를 포함하면 광고 매출이 전체 매출의 72.5%를 차지한다. 이러한 수치도 2013년에 해외부문 매출인 라인 서비스 매출이 급증하면서 광고 매출 비중이 상대적으로 줄어든 결과이고, 라인 서비스 매출이 적었던 2012년에는 광고 매출이 네이버 매출 총액의 86.1%를 차지했다. 2013년 기준으로 네이버 매출의 23% 수준에 머물러 있는 다음의 경우 광고 매출에 대한 의존도는 더욱 커서, 전체 매출액 중 광고 매출 비중이 92.5%를 차지한다.

그림 1-4 2013년 네이버의 매출구성

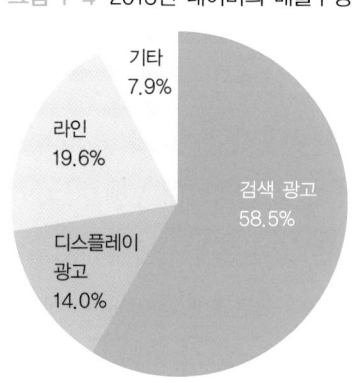

검색 광고가 노출 광고에 비하여 높은 비중을 차지하는 것은 광고주는 광고가 효과적이면 효과적일수록 많은 비용을 지불할 유인을 갖기 때문이다. 이용자는 특정한 목적을 가지고 정보를 검색하므로 검색 광고의 경우 광고효과가 높다. 즉, 장미를 선물하기 위해 꽃집을 검색하면 여러 개의 꽃집 정보가 검색되어 보이고, 상단에 위치할수록 광고효과가 커지기 때문에 광고단가도 상승한다.

(3) 직·간접적인 네트워크 효과

인터넷 시장에서는 직·간접적인 네트워크 효과를 관찰하기 쉽다. 이용자 숫자가 증가하면서 기존 및 잠재 이용자가 해당 서비스로부터 얻는 가치나 만족감이 더욱 증가해 이용자 집단의 규모가 더욱 증가하는 선순환 효과가 인터넷 시장에서는 흔히 발생하고, 이러한 효과를 직접 네트워크 효과라고 한다. 직접 네트워크 효과가 발생하는 대표적인 예시를 2가지 들면, 전화 서비스와 문서작성기(*word processor*) 프로그램의 소비이다. 전화 서비스 가입자가 증가하면 전화기를 가진 사람은 더 많은 사람과 전화통화를 할 수 있기 때문에, 전화 서비스의 가치가 증가하고 보다 많은 사람이 전화 서비스에 가입할 유인을 갖게 된다. 또한 우리나라에서는 많은 사람이 아래아한글 문서작성기를 사용한다. 마이크로소프트 워드를 사용하여 문서를 작성하면 문서가 온전하게 아래아한글로 전환되지 않고 반대의 경우에도 그러하다. 아래아한글로 작성된 문서는 아래아한글 이용자 사이에서는 완벽하게 호환이 된다. 따라서 아래아한글과 마이크로소프트 워드 중 어떤 것을 이용할까 고민할 때 보다 많은 사람이 사용하는 문서작성기를 선택하면 그만큼 문서를 교환하거나 공동 작업하는 데 도움이 된다. 이처럼 직접 네트워크 효과가 존재하는 시장에서는 흔히 시장점유율이 큰 사업자의 시장점유율은 더욱 커지고, 작은 사업자의 시장점유율은 더 작아지는 현상이 발생하며, 종국에는 작은 사업자는 시장에서 퇴출된다. 이처럼 직접 네트워크 효과가 강한 시장에서 경쟁이 자유롭게 진행되면 시장구조의 편중성이 더욱 강화되어 자연스럽게 독과점적 시장구조가 나타난다.

네이버나 다음이 제공하는 여러 서비스 중 소셜 게임(*social game*) 또는 대규모 다중 온라인 역할수행게임(MMORPG) 등의 경우 직접 네트워크 효과가 있다. 동일한 게임에 참여하는 사람이 증가하면 증가할수록 함께 게임을 하거나 경쟁할 수 있는 사람이 증가하기 때문에 그 게임을 할 유인이 증가하는 것이다. 마치 바둑 동호회가 장기 동호회보다 클 경우 바둑을 배우면 더 많은 사람과 게임을 즐길 수 있게 되고, 이로 인해 바둑 동호회는 더욱 커지는 것과 같은 이치이다. 온라인 쇼핑몰에서도 직접 네트워크 효과가 발생한다. 이용자가 많은 쇼핑몰의 경우 브랜드 인지도가 증가하면 고객 신뢰도가 상승해 보다 많은 이용자가 몰리고, 이러한 선순환 과정을 거쳐 몇 개의 큰 쇼핑몰이 시장을 지배하게 될 수 있다.

간접 네트워크 효과는 상호 의존관계에 있는 둘 이상의 소비자 집단이 플랫폼을 중심으로 연계하면서 어느 집단의 숫자가 커지면 다른 집단의 해당 플랫폼에 대한 인지된 가치가 커지는 효과를 의미한다. 흔히 간접 네트워크 효과의 예로 이용되는 것이 바로 신용카드 시장이다. 예로서, 삼성카드 이용자가 많아지면 보다 많은 상점(가맹점)이 삼성카드를 지급수단으로 받아 줄 유인을 갖게 되고, 보다 많은 삼성카드 가맹

점이 생기면 보다 많은 이용자가 물건을 살 때 삼성카드를 이용할 수 있게 되어 삼성카드 회원이 증가하게 된다. 똑같은 효과가 나이트클럽 비즈니스에서도 나타난다. 나이트클럽은 상호 보완관계에 있는(?) 여자와 남자를 나이트클럽이란 플랫폼을 통해 만날 수 있게 해주면서 플랫폼에 모인 남자와 여자에게 술을 팔고, 필요시에는 회비를 받아 플랫폼 운영비용을 회수하는 사업으로서 간접 네트워크 효과를 극대화하여 이윤을 증가시킨다. 이러한 간접 네트워크 효과를 강화하기 위해 여자에게는 플랫폼 이용료를 받지 않고 경우에 따라서는 무료 음료까지 제공하기도 한다. 여자 이용자가 증가하면 남자 이용자들은 자연히 나이트클럽에 더 올 유인이 생기고 남성 이용자의 지불 의사도 증가하기 때문이다.

인터넷 포털 사업자는 플랫폼 사업자로서 검색, 전자메일 등을 무료로 제공해 많은 이용자가 포털 사업자의 웹페이지에 오래 머물게 함으로써 보다 많은 기업의 광고를 보도록 유도한다. 자연히 많은 이용자가 있는 포털에 보다 많은 기업이 광고를 하게 되고, 또한 해당 포털에 대한 광고에 대해서는 기업이 보다 많은 비용을 지불할 유인을 갖게 된다. 결국 인터넷 포털 이용자 수가 증가하면 해당 포털에 대한 광고단가도 상승하게 되는 것이다. 다만, 인터넷 포털 시장의 간접 네트워크 효과는 신용카드나 나이트클럽과 같이 양방향으로 발생하기도 하나 단방향으로도 발생한다. 인터넷 포털 이용자가 증가하면 광고주의 입장에서 해당 인터넷 포털의 가치가 증가하나, 광고가 증가한다고 해서 인터넷 이용자가 증가하는 것은 아니기 때문이다. 간접 네트워크 효과의 단방향성은 광고문구나 그림을 방문자에게 보여 주는 노출 광고, 즉 디스플레이 광고의 경우에 강하게 나타난다. 광고가 증가하면 이용자의 후생이 증가하지 않고 오히려 감소할 수 있기 때문이다. 일부 웹페이지의 경우에는 광고문구가 인터넷 신문 기사를 가리기도 하고, 마우스와 함께 움직여 이용자를 불편하게 하는 경우도 있어 이용자는 광고를 회피할 유인도 있으나, 특정 웹페이지를 방문해야만 하는 경우에는 피할 수 없이 보아야만 할 경우도 있다. 그러나 인터넷 포털 이용자가 특정 검색어를 이용해 검색했을 때 보여 주는 검색 광고의 경우에는 양방향으로 간접 네트워크 효과가 발생할 수 있다. 이 경우에도 광고주는 많은 이용자가 방문하는 인터넷 포털을 선호할 유인을 갖게 되고, 구매하려는 상품이나 서비스에 대한 정보를 구하는 이용자에게는 광고가 많은 것이 적은 것보다 좋을 수 있기 때문이다.

간접 네트워크 효과가 존재하는 산업에서는 상호 의존관계에 있는 이용자나 고객을 많이 확보한 플랫폼은 더욱 번창하는 반면, 이용자 기반이 작은 플랫폼은 쇠퇴해 시장에서 퇴출되기 마련이다. 따라서 간접 네트워크 효과가 있는 시장에서도 시간이 지나면서 자연스럽게 경쟁을 통해 독과점적인 시장구조가 나타나게 된다. 인터넷 포털 시장은 이미 앞서 예시를 들어 설명한 것과 같이 직·간접적인 네트워크 효과가 모두 존재하는 플랫폼 서비스를 이용자에게 제공하는 시장으로서, 시장구조가 독과점적인 형태를 보이기 마련이고, 실제 전 세계적으로 그러한 모습을 보이고 있다.

2) 공급 측면의 특성

(1) 인터넷 시장의 개방성과 비차별성

인터넷에 접속해서 서비스를 제공하고자 하는 콘텐츠 및 플랫폼 사업자는 자신의 서버를 갖추거나 임대해 인터넷 접속사업자의 네트워크에 접속한 후 서비스를 제공한다. 통신 사업자의 경우 망에 위해를 가하지 않는 한 네트워크 서비스 제공을 거부하지 못하고, 또한 비차별적으로 콘텐츠 및 플랫폼 접속서비스를 제공해야 한다. 통신 네트워크 산업은 전국 단위 망 구축을 위해 막대한 초기투자가 필요한 장치산업으로서 규모의 경제 효과가 크게 나타난다. 따라서 통신 시장에서는 경쟁이 활성화되기 어렵고, 독과점적 시장구조가 보편적으로 나타난다. 이에 역사적으로 교통, 통신 등 네트워크 사업자의 독점적 지위 남용을 제한하고자 규제기관은 망 개방 및 비차별성 원칙을 네트워크 사업자에게 부과해 왔다.

이처럼 망 개방 및 비차별성 규제를 받는 통신 사업자는 공중통신 사업자(*common carrier*)로 분류되고, 공중통신 사업자는 최종 서비스 이용자를 거래 지역 또는 거래 상대방에 따라 부당하고 차별적인 조건 또는 제한을 부과하여 차별하거나, 자사 또는 자사 계열회사의 서비스에 제공되는 조건 및 품질에 비하여 불리한 조건에 서비스를 경쟁 사업자에게 제공하지 못하도록 규제를 받아 왔다.

그러나 많은 국가에서 아직 인터넷 접속사업자에게는 통신 사업자에게 요구하는 수준의 망 개방 및 비차별성 원칙을 적용하고 있지 않다. 인터넷 시장의 개방성과 비차별성은 어느 정부나 규제기관이 정한 것이 아니고 유선 인터넷의 발전과정에서 자연스럽게 내재되어 온 원칙이기 때문이다. 실제 유선 인터넷의 경우 월정 요금을 내면 콘텐츠 및 플랫폼 사업자는 최대 용량 제한은 있으나 별다른 제약 없이 이용자에게 서비스를 제공할 수 있었다. 이러한 인터넷 이용방식은 인터넷의 데이터 처리 용량이 충분할 때 또는 인터넷 접속시장이 성장과정에 있을 때는 큰 문제가 되지 않았다. 데이터 전송량이 네트워크 용량에 비해 적을 때는 네트워크 자원에 대한 경합성이 존재하지 않기 때문에 인터넷 접속사업자가 굳이 인터넷 이용자의 데이터 전송을 통제할 이유가 없었고, 양면시장의 특성을 갖는 인터넷 접속시장에서 사업자가 콘텐츠 및 플랫폼 사업자의 접속을 제한할 유인도 없었기 때문이다. 또한, 인터넷 이용자가 성장하는 시기에는 인터넷 접속사업자가 신규 이용자와 콘텐츠 및 플랫폼 사업자를 유치하기 위해 네트워크 용량에 대한 투자를 지속할 유인이 있기 때문에 인터넷 개방성이나 비차별성 원칙을 위반할 유인이 없었다.

또한, 유선과 다르게 무선 인터넷 접속시장에서는 경쟁이 좀더 활성화되어 있기 때문에, 많은 국가에서 무선 인터넷 접속사업자는 개방 인터넷 정책과 관련한 규제를 유선 인터넷 접속사업자에 비해 적게 받는다. 그러나 스마트 기기의 빠른 확산으로 데이터 트래픽이 급증하고 유·무선 인터넷 접속사업자들의 네트워크 트래픽 관리기술이 발전하면서, 기술적으로 인터넷 접속사업자가 콘텐츠 및 플랫폼 사업자에게 차별화된 서비스를 차별적 요금에 제공하는 것이 가능해졌다. 그런데 차별화된 서비스 제공은 기본적으로 인터넷 탄생 이후 유지되어 온 네트워크 개방성 내지 중립성의 포기 또는 훼손을 의미하기 때문에 인터넷 시장의 개방성과 비차별성을 어떻게 보호할 것인가에 대한 정책 논의가 현재 전 세계적으로 진행되고 있다.

(2) 저렴한 시장진입 비용

인터넷 시장의 인터넷 포털, 쇼핑몰 등과 같은 대형 사업자의 경우에는 데이터 센터 구축을 위해 많은 비용을 투자하고 이를 지속적으로 증설해 가야 한다. 즉 고정투자비가 많이 소요되는 사업인 것이다. 그러나 많은 경우 인터넷에서 제공되는 사업의 투자비는 크지 않다. 특히 스마트 기기의 빠른 확산으로 인터넷 이용방식이 웹(web) 방식에서 특정 기능을 하는 앱(application) 방식으로 전환되면서 새로운 서비스 제공을 위한 투자비용이 크게 낮아졌다. 기본적인 앱의 개발비용이 400만 원 내외면 된다고 하니, 사업 아이디어와 프로그램 개발기술만 있다면 적은 자본으로 짧은 시간에 앱을 개발해 앱스토어에서 판매할 수 있게 된 것이다.

이는 인터넷 시장으로의 진입비용이 서비스 종류에 따라 차이는 있으나 현실 시장에 진입하는 경우보다 많이 저렴하다는 것을 의미한다. 또한, 인터넷에서는 현실에서와 달리 저렴한 비용에 다양한 SNS를 이용한 광고가 가능하고 이미 앞에서 논의한 것과 같이 수요자의 전환비용이 높지 않기 때문에 신규 사업자의 시장 진입장벽이 높지 않은 상태이다.

3) 구조적 특징

(1) 인터넷 시장의 독과점적 구조

앞서 논의한 것과 같이 인터넷 네트워크 산업은 규모의 경제 효과가 큰 장치산업이기 때문에 경쟁이 활성화되기 어려운 독과점적 구조를 가지고 있다. 또한, 인터넷의 다양한 플랫폼 사업에서는 수요 측면의 직·간접적인 네트워크 효과로 인하여 경쟁이 활성화되기 어렵고 자연스럽게 독과점적 시장구조가 나타나기 마련이다. 실제 인터넷 접속시장에서는 KT, SK텔레콤, LGU+, 종합유선방송 사업자가 경쟁하고 있고, 인터넷 포털 시장에서는 네이버, 다음, 네이트, 구글코리아가 주요 경쟁자로서 과점 구조를 이루고 있다. 오픈 마켓 형태의 인터넷 쇼핑몰 사업에서는 G마켓, 옥션, 11번가, 인터파크로 구성된 4대 사업자가 시장을 지배하고 있다. 만약 시장에서 경쟁의 결과 독과점적 산업구조가 나타난다면, 정부는 시장지배적 사업자의 불공정 거래와 같은 시장지배력 남용 행위를 규제하기 위해 뒤에서 논의하는 것과 같이 사후 규제제도를 도입한다.

(2) 군집시장으로서의 특징

인터넷 시장의 플랫폼 사업자는 전문적으로 하나의 상품이나 서비스를 판매하기도 하지만, 많은 경우 여러 가지 상품이나 서비스를 동시에 판매한다. 이처럼 여러 가지 상품이나 서비스를 동시에 판매하는 플랫폼 사업자와 여러 가지 상품을 함께 구매하는 소비자로 구성된 시장을 군집시장이라고 한다. 군집시장에서의 거래 시에는 묶음판매의 경우와 다르게 여러 상품이나 서비스를 동시에 구매할 때 가격할인이 제공되지 않고, 소비자가 구매하는 상품이나 서비스 사이에 수요의 대체성이나 보완성이 존재해야 하는 것도 아니다. 군집시장은 인터넷에만 존재하지 않고 우리의 주변에서도 쉽게 찾아볼 수 있다. 좋은 예로는 이마트, 월마트, 홈플러스와 같은 대형유통 플랫폼 사업자가 있다.

군집시장 개념은 소비자의 소비에 초점을 맞춘 개념으로서 복수의 재화나 서비스 생산에 수반되는 비용효율성 증가를 의미하는 범위의 경제나 결합생산이라는 공급 측면의 개념과는 관계가 없다. 복수의 제품을 생산한다고 해서 판매도 함께 하는 것이 매출 증가에 기여하는 것은 아니기 때문이다. 군집시장은 유통업자나 플랫폼 사업자가 복수의 제품이나 서비스를 제공(생산이 아닌 판매)할 때 비용을 절감할 수 있거나, 같은 조건에서 보다 많은 수요를 창출할 수 있을 때 더 쉽게 나타날 것이다. 군집판매로 보다 많은 수요를 안정적으로 창출할 수 있으면 안정적인 다량 구매를 근거로 생산자와의 거래 협상에서 경쟁 유통업자보다 우월한 조건을 관철할 수 있을 것이고, 에이레스(1985)가 주장한 것과 같이 소비자는 한 번의 방문으로 복수의 재화를 구매할 수 있어 거래비용을 절감할 수도 있기 때문에(transactional complementarity) 군집시장이 전문 특화시장을 대체하거나 공존할 수도 있다.

인터넷 시장의 플랫폼 사업자인 인터넷 포털의 경우 정보검색, 전자메일, 지도, 뉴스, 상거래 등 다양한 서비스를 한 플랫폼에서 제공하는 군집시장의 사업자로 볼 수 있다. 그런데 한 사업자가 여러 서비스를 제공할 경우 군집시장에서 제공되는 특정 서비스나 거래되는 상품을 이용해 사업자를 규정할 수 없다. 아울러, 인터넷 시장에서는 은행의 경우와 같이 거래 상품군이 정형화되지 않았고 여전히 변화해 가고 있다. 따라서 인터넷 포털 사업자의 사업을 특정 상품이나 서비스를 기준으로 규정하기 어렵다. 예를 들면, 인터넷 포털은 처음에는 검색서비스를 주로 제공하였으나 이제는 날씨, 지도 등의 다양한 부가 서비스와 게임, 상거래 등도 제공한다. 대표적인 녹화 동영상 제공 기업인 유튜브도 이제는 검색 및 실시간 방송 서비스를 제공하는 기업으로 변했고, 제공하는 서비스의 범위가 계속 확대되고 있다. 인터넷 서비스 시장에서 거래하는 기업의 재화나 서비스가 아직 정형화되지 않았다는 것은 거래를 하는 주체는 있으나 시장획정에서 비교 기준이 될 상품이나 서비스의 개념 규정이 안 된 것을 의미하며, 궁극적으로는 시장획정 자체가 불가능하거나 시장획정을 하더라도 매우 자의적이 될 수밖에 없다는 것을 의미한다.

(3) 기술의 동태적 발전

인터넷 서비스가 우리 일상생활에서 널리 사용되기 시작한 후 약 20년 가까이 지나갔으나 인터넷 시장에서는 여전히 동태적 기술 발전으로 인해 상품과 서비스 혁신의 폭이 크고 그 속도가 빠르며 서비스 간 융합이 빠르게 진행되고 있다. 이로 인해 인터넷 서비스 시장에서는 기업 간 인수·합병이 비일비재하고 시장의 실체를 확인하는 것이 마치 이동 목표물을 맞히는 것과 같이 매우 어렵다. 또한 신기술을 기반으로 새로운 사업자가 계속 진입하기 때문에 오늘의 높은 시장점유율이 얼마나 오래 지속될지 알 수 없다. 따라서 동태적 기술 발전이 진행되는 인터넷 시장에서의 시장지배력은 일시적일 수 있고, 낮은 진입장벽에 기인한 시장의 자기교정 능력으로 인해 인터넷 기업의 흥망성쇠가 빠르다. 그러한 사례는 쉽게 찾아볼 수 있으며, 좋은 사례가 인터넷 브라우저 시장의 점유율 변화이다. 전 세계적으로 관심을 끌었던 마이크로소프트 사와 미국 법무부 사이의 인터넷 익스플로러(Internet Explorer)와 윈도(Windows)의 묶음 판매(*bundling*)를 둘러싼 소송은 인터넷 익스플로러의 시장 점유율이 상승하던 시기인 1998년 미국에서 시작되어 2002년 종료되었다. 소송 종료 후 10년이 지난 시점에서 인터넷 브라우저 시장의 동태적 변화를 살펴보면 그러한 소송이 얼마나 의미 없었는지를 짐작해 볼 수 있다. 1996년 4월 미국에서 넷스케이프(Netscape)의 시장점유율은 89.4%였고 인터넷 익스플로러의 시장점유율은 3.8%였으며, 마이크로소프트 사를 대상으로 한 소송의 심리가 시작된 1998년 10월 넷스케이프와 인터넷 익스플로러의 미국 시장점유율은 각각 64%, 32.3%였다. 이후에도 인터넷 익스플로러의 강세는 지속되어 2002년 6월 이용자 기준 인터넷 익스플로러의 시장점유율은 가장 높은 96.0%까지 상승했고 넷스케이프의 시장점유율은 3.4% 수준으로 낮아졌다. 그러나 이후 파이어폭스(Firefox), 크롬(Chrome), 사파리(Safari) 등 경쟁 브라우저의 등장으로 인터넷 익스플로러의 시장점유율은 지속적으로 낮아졌으며, 2012년 11월 기준으로 미국 시장점유율이 43.4%까지 낮아졌다. 세계 데스크톱 브라우저 시장에서도 현재 그림 1-5에서와 같이 인터넷 익스플로러, 크롬, 파이어폭스가 경쟁하고 있으며, 2012년 7월 기준으로 크롬이 인터넷 익스플로러의 시장점유율을 능가했다.

결국 과거 10여 년간 극적으로 변화한 인터넷 익스플로러 시장 점유

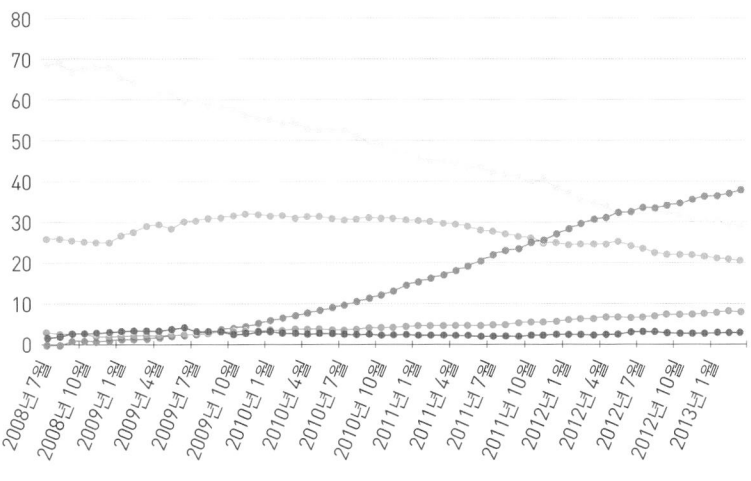

그림 1-5 세계 데스크톱 브라우저 이용점유율 추이

범례: ── 인터넷 익스플로러 ── 파이어폭스 ── 크롬 ── 사파리 ── 기타

자료 : StatCounter (http://gs.statcounter.com/)

율 추이와 스마트 기기 중심으로 인터넷 이용환경이 변화하면서 데스크톱 컴퓨터를 중심으로 한 인터넷 생태계가 몰락한 것을 보면, 마이크로소프트의 웹 브라우저 묶음 판매 행위를 대상으로 한 소송은 큰 의미가 있었다고 보기 어렵다. 컴퓨팅 환경이 모바일 중심으로 바뀌면서 유사한 변화가 컴퓨터 OS 시장에서도 발생하고 있고, 인터넷 이용환경이 앱 기반으로 변화하는 점을 고려한다면 인터넷 서비스 시장을 비롯한 첨단기술 산업에서 기업의 흥망성쇠는 무시로 발생하기 때문에 규제당국이 섣부르게 규제할 필요가 없는 것이다.

4. 인터넷 시장의 특성과 규제

인터넷 시장은 우리 주변에 존재하는 현실 시장과는 많은 차이가 있다. 수요 측면에서는 소비자의 거래처 변경이 손쉽고, 판매자와의 관계에서 정보의 비대칭성도 크게 완화되었다. 아울러, 많은 서비스를 무료로 사용하는 장점이 있으나 직·간접적 네트워크 효과로 인하여 인터넷 접속 및 플랫폼 시장에서는 경쟁이 활성화되기 어렵다.

공급 측면에서는 인터넷 초창기부터 전통적으로 유지되어 온 개방성과 비차별성 원칙이 현재 도전을 받고 있으나 이러한 장점을 보호하기 위한 정책적 노력도 전개되고 있다. 인터넷 시장의 가장 중요한 특징 중 하나인 낮은 진입장벽으로 인해서 창의적 아이디어가 있는 사람은 누구나 쉽게 시장에 진입할 수 있다.

인터넷 생태계가 오늘날과 같이 풍성해진 것은 바로 인터넷 시장의 수요 측면과 공급 측면의 효과가 선순환 작용을 하면서 나타난 결과이다. 낮은 진입장벽 효과와 인터넷 시장의 개방성과 비차별성으로 인해 다양한 콘텐츠와 서비스가 나타났고, 인터넷 이용자가 급증했다. 그 결과 인터넷 접속서비스에 대한 수요 또한 급증하였고, 이는 인터넷 망에 대한 투자로 이어졌다. 네트워크의 성능 향상이 이루어지면서 콘텐츠와 서비스 사업자는 더욱 다양하고 창의성 있는 콘텐츠와 서비스를 제공할 수 있게 되었고, 이로 인해 인터넷 이용자가 인터넷 시장에 참여할 유인이 더욱 증가하면서 인터넷 생태계는 급성장한 것이다.

1998년 벤처기업으로 우리나라 인터넷 포털 생태계에 첫발을 내디딘 네이버가 불과 16년 만인 2014년 국내 상장기업 시가총액 기준으로 대

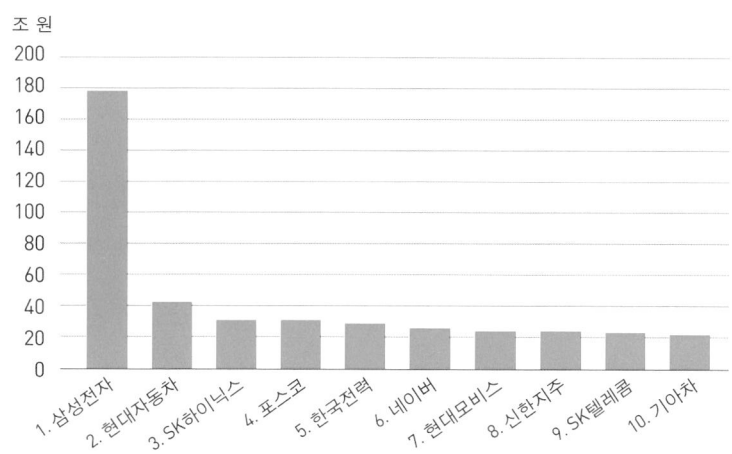

그림 1-6 시가총액 기준 10대 상장기업(2014년 9월 19일)

조 원

막대그래프:
1. 삼성전자, 2. 현대자동차, 3. SK하이닉스, 4. 포스코, 5. 한국전력, 6. 네이버, 7. 현대모비스, 8. 신한지주, 9. SK텔레콤, 10. 기아차

자료: 네이버 증권정보

표적 통신기업인 SK텔레콤을 제치고 6위를 차지한 것은 바로 인터넷 생태계의 동태적 기술 발전과 폭발적인 성장성에 크게 기인했다고 할 수 있다(그림 1-6 참조).

인터넷 시장을 중심으로 한 인터넷 생태계는 향후 우리나라 경제의 중요한 한 축을 차지할 것이고, 앞으로도 동태적으로 발전해 나갈 것이다. 따라서 현재 시점에 초점을 맞춘 근시안적 정부 규제는 혁신적 사업자를 징벌하여 동태적 기술 발전을 둔화시키고 궁극적으로 소비자 후생을 낮출 수 있다. 특히, 기술 발전이 빠른 인터넷 시장에서는 최근 다음과 카카오톡의 기업결합에서 볼 수 있는 것과 같이 이종 및 동종 서비스 사업자 간 인수합병이 수시로 발생하고 있다. 물론 동태적 기술 발전이 빠른 산업에서도 시장 지배력이 있는 사업자의 반경쟁적 행위는 혁신을 지연시키고 기술 진보를 더디게 하여 궁극적으로 소비자 후생을 침해할 수 있는 만큼, 반경쟁적 행위는 규제되어야 할 것이다. 그러나 기술 발전이 빠른 산업에서 기업결합의 반경쟁 효과를 판단하는 데 있어서 경쟁 당국은 기업결합 이후의 시장 집중도 변화보다는 경제의 생산성 향상을 통한 동적 소비자 후생 증가에 초점을 맞추어야 한다. 아울러 기술 발전을 통한 기업 이윤 증가를 부정적으로 볼 것도 아니고, 정부의 경쟁 정책도 시장 집중도 지수와 같은 정태적 기준에 초점을 맞추기보다는 동태적 기술 발전을 촉진하여 생산성 향상을 야기할 수 있도록 미래지향적이어야 한다.

인터넷 기업의 가치는
적정하게 평가되고 있나?

남찬기 카이스트 기술경영학과

1. 왜 기업의 가치를 평가하는가?

기업을 창업하여 운영하는 목적은 부(富)를 창출하는 것으로 볼 수 있
다. 주식회사를 창업하여 주인이 되는 사람을 주주라 하고, 주주가 고
용하여 실제로 회사를 경영하는 사람을 이사라고 하며, 이들 중 대표가
대표이사, 즉 사장이다. 그리고 이사들이 회사를 운영하기 위한 최고
경영진이 되며, 이사를 보좌하기 위해 고용한 중간 관리자를 중간 경영
진이라 한다. 따라서 회사의 경영진이 회사를 운영하는 기본적인 목표
는 기업의 가치를 극대화하는 것이며, 이를 재무관리적 측면에서 좀더
구체적으로 표현하면 기업을 소유한 주주들의 지분을 나타내는 주식의
가치를 최대화하는 것이라 할 수 있다.

주주 가치의 최대화는 다른 이해관계자에게 돌아갈 이익의 희생 위

에서 창출되는 것이 아니며, 오히려 그 반대라고 볼 수 있다. [1] 채권자의 이익을 희생하여 주주의 이익을 추구한다면 그 회사는 향후 채권시장에서 자금을 조달하기 어려울 것이며, 이는 회사가 장기적으로 성장해 나가는 데 도움이 되지 않을 것이다. 또한, 종업원의 이익을 희생하면서까지 주주의 이익을 추구한다면 회사 발전을 위하여 열심히 노력하려는 종업원의 사기를 꺾어 놓아 이 또한 회사의 장기적인 발전에 도움이 되지 않을 것이다. 따라서 지속적으로 부가가치를 창출하여 장기적으로 경쟁에서 승리하는 기업들은 고객, 종업원, 채권자, 정부 등 모든 이해당사자에 대해 보다 큰 가치를 창출해 준다고 할 수 있을 것이다.

기업의 가치가 상승한다는 것은 기업이 장기적으로 유지되고 성장해 나갈 수 있는 여건이 마련되고 있다는 것이고, 기업의 가치가 감소한다

그림 2-1 〈뉴욕타임스〉 주가(2000년 이후)

단위: 달러

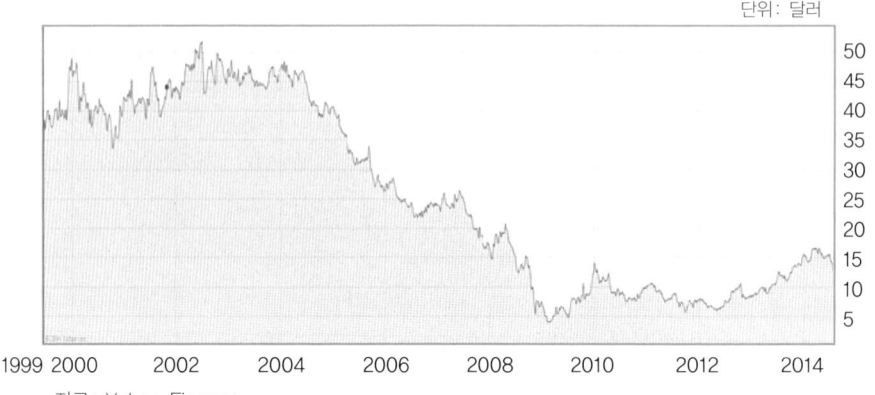

자료: Yahoo Finance

---

1) McKinsey & Company, Inc., Copeland, Koller, Murrin(2000). Valuation.

는 것은 그 기업이 영위하는 사업 기반이 축소되어 장래에는 사라질 우려가 있다는 것이 된다. 예를 들어, 한때 잘나가던 기업인 코닥은 디지털 카메라 기술을 가장 먼저 개발했음에도 불구하고 디지털 트렌드를 과소평가한 결과 도산에 이르렀고, 최근 종이신문의 발행부수가 감소하고 있는 미국의 신문 산업도 이와 비슷한 형태를 보이고 있는바, 〈뉴욕타임스〉의 주가 움직임을 그림 2-1에서 보면 2000년대 초 주당 50~55달러 수준이던 것이 2009년 한때 5~6달러까지 하락했다가 2014년 다시 15달러 선에서 움직이고 있다. 이와 같이 주식 가치로 평가되는 기업의 가치가 끊임없이 변하고 있다는 것은 시장에서 투자자들이 주식의 가치에 영향을 미치는 여러 요인들을 끊임없이 평가하여 주가에 반영한다는 사실을 나타낸다.

2. 기업의 가치는 어떻게 평가하는가?

1) 현금할인 접근법

기업의 가치를 평가하는 방법에는 여러 가지가 있을 수 있지만 이론적으로 가장 합당한 방법은 기업이 창출할 것으로 기대되는 미래의 현금흐름을 예측하여 이를 현재가치로 할인하는 것이다. 이러한 방법으로 기업가치를 평가하는 것을 현금할인(DCF: Discounted Cash Flow) 접근법이라 한다. 이는 모든 가치평가의 기본적인 모형이며 나머지 다른 모형들은 이를 응용한 것이라 보면 될 것이다. 현금할인 접근법에 따라 기업의 가치를 평가하기 위해서는 첫째, 장기적으로 그 기업이 미래에 창출해 낼 수 있는 현금흐름을 예측해야 하고, 둘째, 예측된 현금흐름을 현재가치로 할인하기 위한 할인율, 즉 자본비용률을 알아야 한다.

미래 현금흐름을 예측하는 데는 여러 가지 요인들이 복합적으로 작용하기 때문에 불확실성(*uncertainty*)이 따르며, 이러한 불확실성을 측정한 것을 위험(*risk*)이라 한다. 위험이 크다는 것은 예측된 현금흐름에 변동성이 크게 작용한다는 것을 의미하며, 반대로 위험이 작다는 것은 예측된 현금흐름에 작용하는 변동성이 작다는 것으로, 상대적으로 차이가 크지 않게 예측할 수 있다는 것을 의미한다.

이 위험과 자본비용률은 서로 불가분의 관계를 가지고 있다. 즉, 위험이 크면 클수록 자본비용률도 커지며, 위험이 작으면 작을수록 자본비용률도 작아진다. 자본비용률은 자본시장에서 자금의 수요자인 기업과 자금의 공급자인 투자자 사이에서 결정되는데, 만일 벤처기업에 대한 투자와 같이 기업의 영업위험이 높아 성공할 확률은 낮지만 성공할 경우에는 많은 수익을 올리고 실패할 경우에는 투자 원금까지 잃는 경우라면 투자자들은 당연히 높은 투자수익률을 요구할 것이고, 이와는 대조적으로 금융기관 예금과 같이 영업위험이 상대적으로 낮아 처음 예상된 안정적인 수익률에서 크게 변동이 없다면 투자자들은 상대적으로 낮은 수익률에 만족할 수 있을 것이다.

기업의 종합적인 자본비용률은 각기 다른 방법으로 조달되는 자금의 자금비용률을 해당 조달방법의 자본조달액을 기준으로 가중평균한 가중평균 자본비용률(WACC: Weighted Average Cost of Capital)을 사용하는 것이 일반적이다. 또한, 기업이 부가적인 가치를 창출하기 위해서는 이러한 가중평균 자본비용률을 부담하여 조달된 자금을 투자해서 얻어지는 투자수익률이 가중평균 자본비용률보다 높아야 한다. 이런 의미에서 가중평균 자본비용률은 부가가치 창출을 위하여 자금운용에서 올리지 않으면 안 되는 최저 필수 수익률이라 할 수 있다.

2) 경제적 부가가치 접근법

현금할인 접근법은 재무 이론적으로 가장 합당한 방법이지만 미래의 현금흐름을 모두 예측해야 되는 어려움이 있기 때문에 때로는 어느 특정 기간의 실적을 기초로 기업의 가치를 측정하는 방법을 쓰기도 하는데, 대표적인 것이 경제적 부가가치(EVA: Economic Value Added) 접근법이다. 기업의 가장 기본적인 재무활동은 자본시장에서 자금을 조달하여 수익성 있는 사업에 투자함으로써 최대한의 이익을 남기고자 하는 것이다. 이때 기업에 자금을 제공해 준 투자자는 투자자금에 대한 기회비용을 요구하게 되는데, 이것이 기업이 부담해야 하는 자본비용이다. 따라서 기업 입장에서 본다면 투자자금에 대한 수익성이 자본비용보다 커야만 진정한 의미에서 이익을 얻게 되며, 이러한 이익을 경제적 이익(*economic profit*) 또는 경제적 부가가치라고 한다. 경제적 부가가치는 투하자본 이익률(ROIC: Return On Invested Capital)에서 가중평균 자본비용률을 차감한 수치에 투하자본(IC: Invested Capital)을 곱하여 계산하는데, 이 값이 클수록 당해 연도에 영업활동을 통하여 보다 많은 경제적 이익을 거두었다는 뜻이다.

이와 같은 경제적 이익은 기존의 순이익이나 자기자본 이익률과 같은 전통적인 이익지표에 비해서 2가지의 차이를 보인다. 첫째는 발생주의 회계원칙의 결과로 산출된 재무제표상의 순이익에 경제적 이익이 반영될 수 있도록 수정한다는 것이고, 둘째는 자본조달의 대가를 명시적으로 고려한다는 점이다. 특히 자본조달의 대가를 고려할 때 타인자본비용뿐만 아니라 자기자본비용까지도 포함함으로써 주주의 기대 수익률에 대해서도 고려를 한다. 따라서 주주 가치를 가장 잘 설명해 주는 성과지표 중 하나가 경제적 부가가치이며, 전통적인 성과지표에 비하여 주식시장에서 투자자들에 의해 주가에 민감하게 반영되고 있다고 여겨진다.

(1) 경제적 부가가치 계산방법

경제적 부가가치의 계산방법을 개념적으로 설명해 보면 그림 2-2와 같이 정리할 수 있다.

즉, EVA는 투하된 자본이 벌어들이는 수익률 ROIC가 투하된 자본을 조달하기 위해 지불해야 하는 WACC보다 얼마나 큰가 하는 질적인 측면을 나타내는 초과수익률(ROIC − WACC)과, 투하된 자본 규모의

그림 2-2 경제적 부가가치의 개념

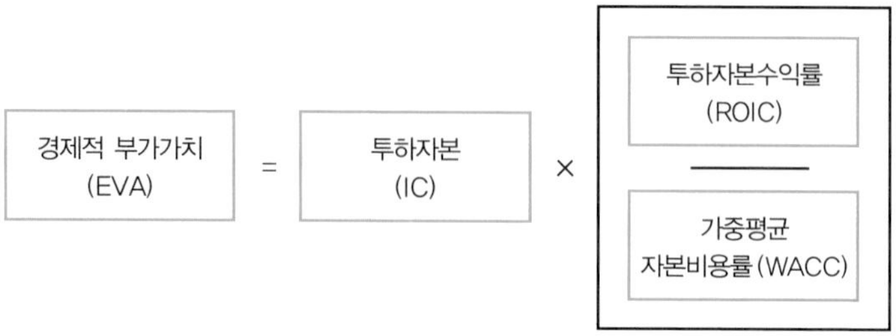

양적인 측면을 나타내는 IC가 동시에 고려되어 결정되는 것이다. 세후 순영업이익이 IC에 ROIC를 곱하여 구해진다면, EVA는 세후순영업이익에서 IC에 WACC를 곱한 자본비용액을 빼면 구할 수 있다.

이와 같은 EVA가 시장부가가치(MVA: Market Value Added) 및 기업의 가치(FV: Firm Value)와 어떤 관계를 가지고 있는가를 살펴보면 EVA 개념을 보다 정확하게 이해할 수 있을 것으로 본다. 어떤 기업이 IC만큼 투자하여 매년 EVA만큼의 초과이익을 영원히 지속적으로 올린다고 가정해 보면 기업의 가치는 그림 2-3과 같이 나타낼 수 있다.

이 경우 기업의 가치는 IC와 그 자본이 향후 매년 창출해 내는 초과수익, 즉 EVA의 현재가치의 합이 되는 것이다. 여기서 초과수익의 현재가치의 합을 MVA라 한다. 다시 말하면 MVA는 시장에서 형성된 기업가치에서 실제 투자액을 차감한 금액으로 볼 수 있다. 따라서 매 년도 초과이익을 나타내는 EVA는 경영성과 관리 분야에서 유용한 수단으로 사용되는 반면, 미래에 창출될 것으로 예상되는 초과이익에 대한 할인

그림 2-3 기업의 가치와 시장부가가치

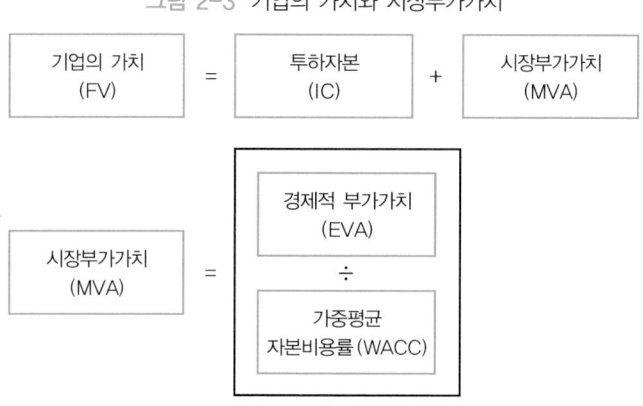

가치로서의 MVA는 주식시장에서 투자자들의 평가에 따른 영향을 주로 받는다고 할 수 있다.

(2) 자본비용의 개념

다음으로 초과이익을 할인할 경우에 사용되는 할인율로서의 자본비용은 기업이 자금을 조달하여 사용하는 대가로 자본제공자에게 지급하는 비용이다. 타인으로부터 자금을 차입했을 경우에는 채권자에게 적절한 이자를 지급하여야 하고, 자기자본으로 조달한 경우에도 그 자본에 대한 적절한 수익을 올려야 한다. 즉, 자기자본을 다른 곳에 투자하였다면 일정 수익을 올릴 수 있었을 것이므로 그 기회비용만큼은 수익을 올려야 하는 것이다. 기업의 자본비용을 측정하기 위해서는 어떤 종류의 자본을 얼마나 사용하고 있는지를 고려해야 하는데, 자기자본비용 및 타인자본비용을 자기자본 및 타인자본의 구성비율에 따라 가중평균하여 구한 자본비용을 가중평균 자본비용이라 한다.[2]

　자기자본비용은 주주가 특정 기업의 주식에 투자할 때 기대하는 수익률로서, 자본시장에서 해당 기업의 체계적 위험의 크기에 따라 결정된다고 보는 자본자산 가격결정 모형(CAPM: Capital Asset Pricing Model)을 통해 측정하는 것이 가장 보편적이다.[3] 또한 부채비용은 이

---

[2] 가중평균 자본비용률은 다음 식을 통하여 측정한다.

$$\text{가중평균 자본비용} = \frac{\text{타인자본}}{\text{자기자본} + \text{타인자본}} \times \text{타인자본비용} +$$

$$\frac{\text{자기자본}}{\text{자기자본} + \text{타인자본}} \times \text{자기자본비용}$$

[3] 자본자산 가격결정 모형을 식으로 나타내면 다음과 같다.

자가 지급되는 부채액을 기준으로 각각의 이자율을 가중평균하여 산정하고, WACC의 계산에 사용되는 자본구성비율은 장부가치를 기준으로 실제자본구성 비율을 사용하여 측정할 수 있다.

(3) 장부가치(Book value)와 시장가치(Market value)

표 2-1에서 보는 바와 같이 자기자본 50억 원과 타인자본 50억 원 합계 100억 원으로 사업을 시작했다면 그 기업의 현재가치는 얼마로 보는 것이 합당할까?

이 시점에서 재무제표(장부) 상 투하자산이 100억 원이기 때문에 이 기업의 가치는 100억 원이라 할 수 있을까? 아니면 투하된 100억 원을 활용하여 미래에 벌어들일 수 있는 금액의 현재가치까지 고려해야 하는 것일까? 정답은 당연히 후자이다. 만약에 기업의 가치가 전자와 같이 100억 원이라면 주식시장에서 주식의 가치가 매일 그렇게 변동되지 않을 것이다. 현재의 자산을 활용하여 미래에 얼마를 벌어들일 수 있느냐

표 2-1 재무상태표(2014.1.1.)

자산 100억 원	부채 및 자본 100억 원
자산 100억 원	부채 50억 원
	자기자본 50억 원

자기자본비용(KE) = 무위험 자산 수익률(RF) + 위험계수(β) ×
단위위험당 시장가격(RM - RF)
RF: 무위험 자산 수익률
β: 주식의 체계적 위험
RM: 시장 전체의 예상수익률

표 2-2 손익계산서 (2014.1.1. ~ 2014.12.31.)

매출액	100억	
− 매출원가	60억	
매출이익	40억	
− 영업비	20억	
영업이익 (EBIT)	20억	
− 이자 (연 10%):	5억	채권자 몫 청구권
세전이익	15억	
− 법인세	5억	정부 몫 청구권
당기순이익	10억	
− 배당 (연 15%)	7.5억	주주 몫 청구권
경제적 부가가치 (EVA) 창출액	2.5억	

하는 것이 포함되어 있기 때문에 미래 예측치의 변동에 따라 기업의 가치도 변하는 것이다. 미래 예측치에 영향을 미치는 요인은 무수히 많으며, 이들의 변화 내용을 사전에 다 파악할 수는 없다. 따라서 기업의 가치에는 불확실성이 내재될 수밖에 없어, 주식 가격도 미래 예측의 변화에 따라 항상 변화하는 것이다. 기업의 가치를 시장가치 기준, 즉 발행주식 수에 현재의 주가를 곱한 시가총액으로 본다면 시가총액에서 장부가치를 뺀 나머지는 미래에 창출이 기대되는 현금흐름을 현재가치로 환산한 금액이 될 것이다. 만약 앞의 예에서 시가 총액이 80억 원이라면 30억 원이 미래에 이 기업이 벌어들일 금액의 현재가치가 되며 이를 MVA라 한다. 이러한 MVA를 계산하는 방법을 손익계산서를 예시로 보면 표 2-2와 같다.

기업의 가장 중요한 재무제표 중 하나인 손익계산서에는 기업가치에 대한 이해당사자들의 청구권 (*claim*) 의 가치를 계산하는 데 필요한 기본적인 정보들이 들어 있다. 기업의 영업 결과 이익이 남으면 가장 먼저 채권자가 자금을 제공한 대가로 이자를 가지고 가고, 다음으로 정부가 세금의 형태로 청구권을 행사하며, 마지막으로 주주가 배당의 형태로 청구권을 행사하여 자기 몫을 수령해 간다. 이렇게 모든 이해당사자의 청구권을 해결하고 남는 금액이 해당 기간 동안 기업이 창출한 EVA가 되는 것이다.

이러한 EVA가 향후 지속적으로 발생한다면 이들을 현재가치로 환산한 금액이 MVA가 되는 것이고, 이 MVA 예측치의 증감에 따라 주가가 움직인다고 할 수 있는 것이다. 즉, 할인율이 10%이고 향후 매년 2.5억 원의 부가가치가 지속적으로 발생한다면 MVA는 25억 원이 될 것이지만, 현재 2.5억 원인 EVA가 향후 어느 정도 성장할 것으로 예상된다면 그 예측치의 크기에 따라 MVA가 변동하고 동시에 주가도 움직이는 것으로 볼 수 있다. 따라서 현재 얼마나 버느냐가 아니라 앞으로 얼마나 벌 수 있느냐가 중요한 요인인 것이다.

3. 인터넷 기업의 가치평가 사례: 네이버

인터넷 산업의 주가 움직임이 시장 전체보다 활발한 것은 주가에 영향을 미치는 요인들이 보다 다이나믹하게 변화하고 있다는 의미가 된다. 현재 장부가치에 비해 MVA가 높다면 앞으로 창출될 부가가치가 크게 증가할 것을 의미하며, 현재 장부가치에 비해 MVA가 높지 않다면 앞으로 창출될 부가가치가 크게 증가하지 않는다는 의미가 된다.

인터넷 산업은 최근 10여 년간 괄목할 만한 성장을 기록하였다. 특히 인터넷 검색시장의 대표자 격인 네이버의 경우 기업분할 이후 가파른 시장가치 상승세를 보이고 있다. 여기서는 이러한 인터넷 기업 시장가치의 급격한 증가를 특정 기간의 EVA를 기초로 설명해 보고자 한다.

대표적인 인터넷 기업들의 주가 변동 동향에 대하여 2013년 7월 1일 주가를 100으로 보았을 때 그 이후 1년간의 주가 변동을 그래프로 보면 그림 2-4와 같다. 2013년 7월 이후 네이버의 주가는 종합주가지수에 비해 상대적으로 계속 상승한 반면 NHN엔터테인먼트의 주가는 지속적으로 하락하고 있다. SK커뮤니케이션즈 및 다음의 주가도 최근 들어 아주 큰 상승폭을 보이고 있다. 이는 인터넷 산업에 속한 기업의 주가 변동 폭이 시장 전체보다 훨씬 더 크다는 것을 나타내며, 종전까지 한

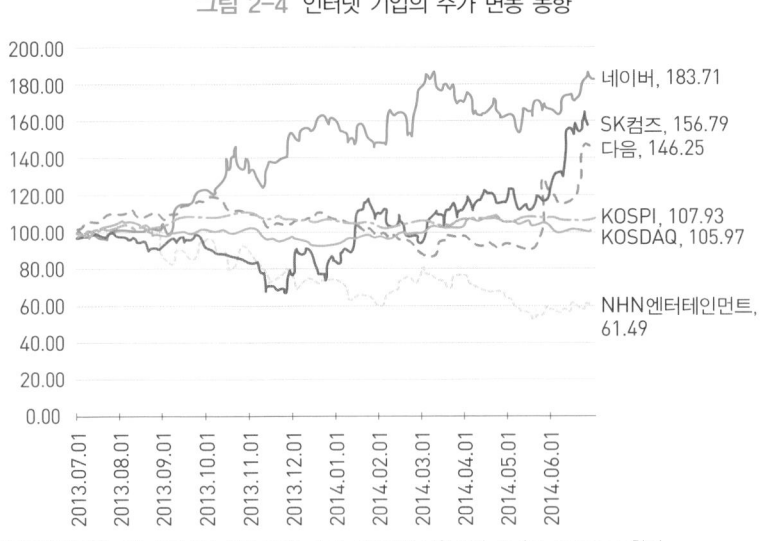

그림 2-4 인터넷 기업의 주가 변동 동향

* 2013년 7월 1일~2014년 6월 30일 수치. 2013년 7월 1일 주가를 100으로 환산.

표 2-3 2012년 기준 NHN의 장부 및 시장가치

| 장부상 자본총액 | 1조 9,035억 6,900만 원 |
| 시가총액 | 11조 9,416억 3,800만 원 |

상장주식 수: 48,127,704. 연 평균 주가: 248,124

회사였던 네이버와 NHN엔터테인먼트의 분할을 기준으로 두 회사의 주가 변동과 그 속에 내재되어 있는 투자자들이 판단한 장래 두 회사의 EVA 성장률에 대해 분석해 보는 것도 기업가치가 어떻게 시장에서 평가되고 반영되는가를 이해하는 데 많은 도움이 될 것이다.

2012년 기준 NHN의 장부 및 시장가치를 표 2-3에서 보면, 시가총액 11조 9,416억 3,800만 원에서 장부상 자본총액 1조 9,035억 6,900만 원을 차감한 10조 380억 6,900만 원이 현재 NHN의 시장부가가치액으로, 이는 현재의 자산을 활용하여 미래에 창출할 것으로 주식시장 투자자들에 의해서 예상되는 (주주 몫의) 미래 현금흐름의 현재가치이다. 이 시장부가가치액이 현 장부상 자본 총액의 5.3배 수준으로 상당히 높은 것은 주식시장 투자자들이 NHN의 미래 성장률을 그만큼 높게 평가하기 때문이라고 말할 수 있다.

이러한 예측은 상황에 따라 크게 변할 수 있으며, 그 예가 NHN으로부터 분할된 네이버와 NHN엔터테인먼트의 주가 변동이다. 2013년 8월 1일 인적 분할에 따라 NHN의 게임 부분은 표 2-4에서 보는 바와 같이 신설 법인인 NHN엔터테인먼트로 이관되었다. 분할 직전 네이버 주가는 29만 3,500원이었는데, 분할 후 네이버의 주가는 48만 원으로 63.5% 급등하였으나 NHN엔터테인먼트의 주가는 12만 7,500원으로 56.6% 급락하였다. 이 당시 분석자료에 의하면 네이버는 NHN엔터테

표 2-4 NHN의 분할

	분할 직전	분할 직후	
	네이버	네이버	NHN엔터테인먼트
날짜	2013.07.29	2013.08.29	
수정주가(원)	293,500	480,000	127,500
수정주가 등락폭(%)	100	163.54	43.44
시가총액(백만 원)	14,125,481	15,822,086	1,933,541
시가총계(백만 원)	14,125,481	17,755,627	
시가총계 등락폭(%)	100	125.70	

인먼트와 분할되면서 그동안 주가 상승의 발목을 잡아 온 사행성 게임 규제, 섯다운제 등 규제 리스크가 분산되고, 모바일 메신저 라인 해외 사업 등의 가치가 본격적으로 재조명됨에 따라서 주가가 크게 상승되었다고 평가받은 반면, NHN엔터테인먼트의 경우에는 웹보드 게임 규제 등의 영향으로 단기적으로 약세를 보일 것이라는 평가를 받았다. 분할 이후 현재까지의 주가 움직임을 보아도 네이버는 지속적으로 상승 추세인 반면 NHN엔터테인먼트는 그렇지 못하다.

　이러한 주가 움직임이 EVA 관점에서 어떤 의미를 가지는지를 분석해 본다면, 주가 변동과 회사 경영성과 간의 상관관계를 밝혀 낼 수 있을 것이다. 우선 EVA가 매년 일정 비율(IGR: Implied Growth Rate)로 지속적으로 성장한다고 가정하면 FV는 IC와 매년 발생하는 EVA의 현재가치의 합으로, 다음과 같다.

$$FV = IC + \frac{EVA}{(WACC - IGR)}$$

즉, 기업의 가치는 투하자본, 투하자본을 조달하는 데 들어간 자본비용, 매년 영업의 결과로 발생하는 경제적 부가가치 등의 함수로 볼 수 있는데, 기업의 가치를 시장에서 미리 알 수 있다면 역으로 기업의 시장가치에 내재되어 있는 EVA의 미래 기대 성장률을 다음과 같이 추정할 수 있을 것이다.

$$IGR = WACC - \frac{EVA}{(FV - IC)}$$

이러한 공식을 활용하여 2012년 평균 주가를 기업가치 측정기준으로 NHN의 EVA 성장률을 추정해 보면 다음과 같다. [4]

$$IGR = 9.06\% - \frac{404,905}{12,467,087 - 549,285} = 5.66\%$$

또한 분할 후 2013년 및 2014년 평균 주가를 바탕으로 측정된 기업가치를 기준으로 네이버의 EVA 성장률을 추정해 보면 2013년은 7.06%, 2014년은 7.46%이다. 이것이 의미하는 바는 2013년에는 2012년과 비교해 EVA가 향후 매년 약 1.4%포인트 정도 증가한 7.06% 정도로 성장할 것이라고 시장에서 예측하고 있었으나, 2014년에는 2013년보다

---

[4] 2012년 기준 평균 주가: 248,200(원), 상장주식 수: 48,127,704(주), 시가총액: 11,946,296(백만 원), 평균 부채총계: 522,791(백만 원), FV: 12,467,087(백만 원), NOPLAT: 454,673(백만 원), IC: 549,285(백만 원), WACC: 9.06%, EVA: 404,905(백만 원)

표 2-5 **구글의 가치평가**

	2009	2010	2011	2012	2013	Average
ROIC	29.96%	29.38%	35.93%	24.95%	23.48%	28.74%
EVA (book)	3951.32	4934.38	6534.39	5647.24	6004.66	5414.40
EVA 성장률	−	24.88%	32.43%	−13.58%	6.33%	12.51%
IGR	8.45%	8.49%	7.86%	8.71%	9.43%	8.59%

0.4%포인트 추가 향상된 7.46% 정도로 매년 성장할 것으로 예측하였다는 것이다. 즉, 분할 전에는 NHN 종합적으로 2012년 기준 향후 매년 5.66% 정도씩 성장할 것으로 시장에서 투자자들이 평가하였지만, 2013년 NHN엔터테인먼트가 분할되어 나간 이후 네이버 단독 연평균 EVA 성장률은 7.06%로 분리 전에 비해 매년 1.4%포인트 정도 추가 성장할 것으로 평가된 것이며, 2014년에는 성장 속도가 더 빨라져 2013년과 비교해서도 0.4%포인트 추가된 것으로 볼 수 있다. 이러한 시장에서의 평가가 주가에 반영이 되어 24만 8,200원 수준이던 평균 주가가 2013년에는 60만 9,585원 수준으로 상승하였고, 2014년에는 다시 76만 3,153원으로[5] 상승하였다고 설명할 수 있을 것이다.

네이버의 미래 성장 가능성이 과대 혹은 과소평가되어 있는지 여부를 이론적으로 증명해 내기는 매우 어렵다. 다만, 미국의 대표적인 인터넷 포털 기업인 구글(Google)에 대하여 동일한 방법으로 기업가치를 평가해 보면 표 2-5에 나타난 바와 같다.

구글의 경우에도 매우 높은 수준은 아니지만 상당히 안정적인 ROIC

---

5) 2014.1.1.~2014.8.8 기준 평균 주가.

를 바탕으로 꾸준히 높은 수준의 EVA를 유지하고 있으며, IGR은 네이버보다 1~2% 포인트 높은 수준을 유지하고 있다. 즉, 국내 증권시장에 상장되어 있는 네이버의 투자자와 미국 증권시장에 상장되어 있는 구글의 투자자 모두 인터넷 포털 기업이 향후 벌어들이는 EVA는 현재 수준보다 훨씬 더 높을 것이라 보고 있지만, 구글의 성장률이 네이버의 성장률보다 더 높게 평가되고 있다. 이것이 의미하는 바는 앞으로 구글이 벌어들이는 부가가치가 네이버가 벌어들이는 부가가치보다 더 빠른 속도로 증가할 것이라는 점이다. 이러한 비교 분석에 바탕을 두고 네이버의 경우 향후 구글과 비슷한 정도의 성장률을 기대한다면 네이버의 기업가치가 과도하게 높게 평가되었다고는 보기 어렵고, 오히려 앞으로 한 단계 더 성장할 여지가 있다고 할 수 있겠다.

4. 결론

지금까지 인터넷 기업인 네이버를 예로 들어 기업의 가치와 그 기업이 영업에서 창출할 것으로 기대되는 부가가치와의 관계를 살펴보았다. 기업의 가치가 상승한다는 것은 주식시장에서 주가가 상승한다는 것이며, 이것이 의미하는 바는 시장에서 투자자들이 그 기업이 미래에 창출할 부가가치가 증가할 것이라고 평가하고 있으며, 이러한 평가가 주식 가격에 반영되어 주가가 상승한다는 것이다. 따라서 현재의 기업가치 내지는 주가는 미래에 창출 가능한 부가가치에 대한 현재의 예측치를 반영하기 때문에, 가치의 적정성은 예측의 정확성을 반영한다고 볼 수 있다. 즉, 현재의 예측이 너무 낙관적으로 과대평가되어 있으면 현재의 가치도 과대평가되어 있으며, 반대로 너무 비관적으로 과소평가되어 있으면 현재의 가치도 과소평가되어 있다고 볼 수 있다.

이러한 예측치는 언제나 바뀔 수 있으며, 거기에 따라서 기업의 가치도 재평가되고 시장에서 주식 가격도 바뀐다. 지금까지는 인터넷 기업이 창출하는 부가가치가 빠른 속도로 증가할 것이라고 예측되어 왔기 때문에 주식시장에서의 주가도 빠른 속도로 증가해 왔다고 볼 수 있다. 그러나, 현재 예측된 수준의 부가가치를 창출해 낸다면 현재의 주가 수준을 유지할 것이고, 향후 어느 시점에 현재 예측된 것보다 더 많은 부가가치 창출이 예측된다면 그 시점에서 기업가치가 재평가됨과 동시에 주가는 상승할 것으로 본다.

인터넷 기업은
지속 가능한가?

이홍규 카이스트 기술경영학과

1. 기업관(企業觀)이 변화하고 있다

1) 현명한 이기심에 대한 자각이 필요하다

애덤 스미스(Adam Smith)의 지적과 같이 인간의 이기심(*self-interest*)
은 자본주의 발전의 원동력이라 할 수 있다. 그러한 인간의 이기심을
구체화한 자본주의의 수단이 바로 기업이다. 그래서 이윤추구는 기업
의 존립 근거이며, 그것이 결국 사회 전체에 효율과 혁신의 달성, 일자
리의 창출, 부의 축적을 가져오는 것이다. 즉 기업은 '그 존립 자체만'
으로도 사회적 기여를 다하는 것이다. 그러나 그렇다 하여 기업의 비윤
리적, 몰가치적 행위까지 정당화되는 것은 아니다. 애덤 스미스는 《국
부론》을 쓰기 17년 전에 이미 《도덕감정론》을 썼다. 이 책에서 그는 경

제가 작동하기 위해서는 사회 속 개인들에게 동감(*sympathy*)이란 미덕이 있어야 하며, 거래의 균형은 당사자의 '사려분별, 엄격한 정의감, 적절한 자비심' 없이는 이루어지기 어렵다 하였다. 즉 이기심이란 사회와 조화된 이기심이어야 하며, 그런 이기심이어야 '보이지 않는 손'에 의해 사회적 공공선으로 귀결될 수 있는 것이다. 그러기에 탐욕적 이기심만 넘쳐 나는 현대의 자본주의에서 그 가장 중요한 기제인 기업을 다시 보자는 움직임이 이는 것은 지극히 당연한 일이라 할 것이다. 특히 2002년 엔론 사태, 2008년 금융위기를 보며 인류는 이제 기업의 사회적 책임과 역할에 대해 새로운 각성을 시작하였다 할 수 있다. 자본주의가 발전을 지속하려면 그 근간인 이기심이 단순한 탐욕적 이기심이 아니라 보다 '현명한 이기심'(*enlightened self-interest*) 이어야 한다는 것이다.

2) 하이브리드형 기업이 나타나고 있다

시장을 협소하게만 보고 단기적 성과에 매달리려 하는 과거의 기업관으로는 기업과 사회의 관계가 대립과 갈등의 악순환을 벗어날 수 없다. 기업에는 사회와 조화되려는 새로운 노력이 필요하다. 기업의 사회적 역할을 적극적으로 해석하는 입장에서는 기업을 경제적 가치와 사회적 가치를 조화시켜야 하는 양면의 기제(*double-sided mechanism*)로 인식하려 한다. 이와 같은 견해는 최근 매우 활발히 제시되고 있다. 기업의 존립 근거를 기업과 사회의 암묵적 합의에 두는 사회계약적 견해(Smith, 2003), 기업 조직을 영리성과 비영리성이 결합된 하이브리드형 결합물로 보는 견해(Austin et al., 2006), 기업의 새로운 활로를 경제적 효율과 사회적 진보를 연결하는 '공유가치'(*shared value*)에서 찾으려는 견해(Porter & Kramer, 2011) 등이 그것이다. 특히 공유가치론은 기업의 사회활동이 법률 준수나 기부활동과 같은 일시적, 재무적, 책임적, 박애주의적 활동이 아니라, 기업의 비즈니스 전략 자체에 사회적 가치가 녹아들어간 것이어야 한다고 주장한다. 이는 자본주의가 사회를 배려하는 현명한 이기심에 기반한 성찰적(*reflective*) 또는 양식 있는(*conscious*) 자본주의로 나가야 함을 의미하는 동시에, 경영자들이 기업 자신의 이익만을 쫓는 경영에서 사회적 이익과의 조화라는 보다 '품격 있는 경영'으로 전환해야 함을 의미한다 할 수 있다.

2. 기업의 제일 과제는 지속가능성이다

인간에게 수명이 있듯이 기업에도 수명이 있다. 인간이 탄생−성장−노화−죽음의 단계를 거치듯 기업도 창업−성장−성숙−쇠퇴의 과정을 밟는다. 이 일련의 과정에서 환경적 변화의 폭이 깊고 급할수록 인간이나 기업이 해결해야 할 제일의 숙제는 생존이다. 다시 말해 지속가능성(*sustainability*)이야말로 수명이 있는 모든 것의 최대 과제라 할 수 있다. 특히 기술, 시장, 제도 등 거의 모든 면에서 와해적 변혁에 직면해 있는 기업으로서는 자신의 생존 이외에 모든 화두가 사치로 느껴질 것이다. 그래서 미국의 〈MIT 슬로언 매니지먼트 리뷰〉가 보스턴 컨설팅과 공동으로 세계 1,500명의 경영자를 대상으로 조사한 바에 의하면

응답자의 92%가 지속가능성을 경영에서 주요 이슈로 생각하고 있다고
대답하였다 한다. 문제는 이 지속가능성에 어떻게 접근할 것인가 하는
것이다.

1) 지속가능성이란 무엇인가?

존 엘킹턴(John Elkington)은 일찍이 경제적·사회적·환경적인 3가지
지속가능성이 조화되어야 한다는 점에서 '3대 축'(*triple-bottom line*) 모
형을 제시하였다. 경제적 지속가능성이란 기업 주주들에게 지속적으로
일정 수준 이상의 수익을 창출시키는 동시에 기업 운영에 필요한 현금
흐름을 충분히 확보함을 의미한다. 즉 지속적인 경쟁력과 이윤의 창출
가능성이 경제적 지속가능성의 핵심이다. 사회적 지속가능성은 사회
공동체의 사회적, 인적 자본을 유지, 확충함으로써 공동체의 부가가치
를 증진할 가능성을 의미한다.

경제적 지속가능성과 사회적 지속가능성의 요소들을 요약하면 그림
3-1과 같이 나타낼 수 있다. 기업의 지속가능성을 위해서는 경제적 부
의 창출을 위한 이윤추구 활동, 변화하는 환경에 동태적으로 적응하는
자기갱신 활동, 윤리적 실천으로서의 자기규율(*self-regulation*) 노력,
공동체 발전을 위해 노력하는 사회적 참여 및 기여 활동들의 조화가 필
요하다. 자기규율이 법적 책임으로서의 규범 차원의 윤리와 함께 지켜
야 할 도리로서 품격 차원의 윤리를 포함한다면, 기부나 자선, 사회활
동 직접참여,[1] 자원봉사 활동 지원[2] 등과 같은 사회적 참여는 일종의
재량사항으로서 개인의 이타주의, 박애주의에 기초한다. 사회 공동체

발전이란 문제에 대한 기업의 관심이 커지면 커질수록 이러한 사회적 참여나 기여는 커질 것이다.

그림 3-1 기업의 지속가능성 촉진요소

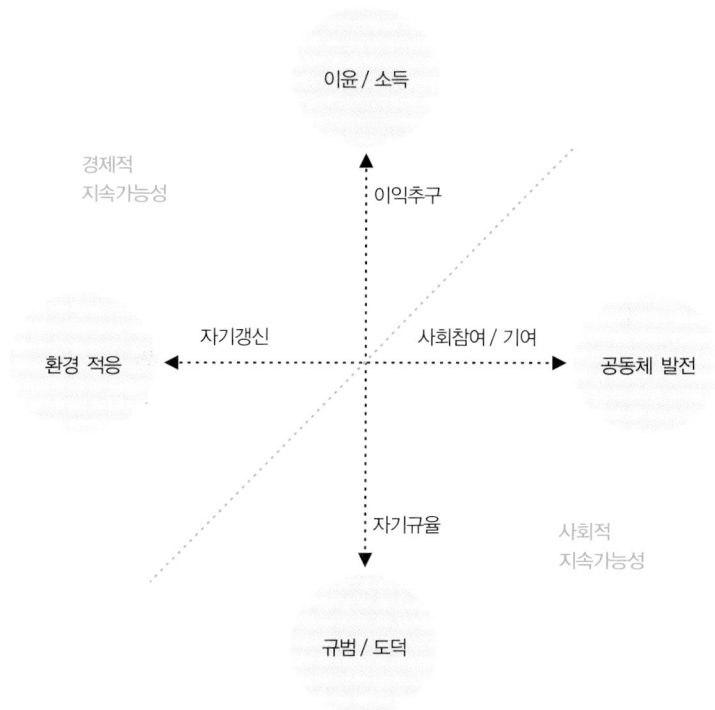

2) 경제적 지속가능성이 선결 과제이다

기업이 경제적 가치를 창출하는 데에는 핵심적인 3가지 단계가 필요하다. 첫째, 대상고객을 획정하고 그들에 제공될 제품/서비스의 가치를 결정하는 가치제안 단계, 둘째, 그러한 가치제안을 위해 다양한 내적·외적 자원과 역량을 하나의 조합된 활동군으로 묶어 내는 가치창출 네트워크 구축 단계, 셋째, 고객에의 가치를 제공하고 수익을 확보하기에 필요한 수입원 발굴, 비용 관리, 투하자본 확보 등의 수익모델 디자인 단계가 그것이다.

자원준거이론(*resource-based view*)은 이 중에서 특히 가치사슬 활동의 기반이 되는 자원과 역량을 기업의 경제적 지속가능성의 핵심으로 파악한다. 즉 '다양하고 이질적인 자원과 능력의 결합체'인 기업이 지속가능하기 위해서는 경쟁자를 능가하는 경쟁우위를 가져야 하며, 이러한 경쟁우위는 기업이 가치 있고(*Valuable*), 희귀하고(*Rare*), 모방불가능하고(*Inimitable*), 우수한(*Superior*), 이른바 VRIS형 자원과 역량을 가질 때 가능하다는 것이다. 다시 말해 모방과 혁신으로 경쟁우위를 만들어 가는 경쟁자의 경쟁압력을 이기고 고객 니즈 및 시장 환경의 변화에 대응해 나가는 차별화된 자원과 능력을 구축함으로써 기업은 지속가능할 수 있다.

3) 그러나 사회적 지속가능성도 고려해야 한다

기업이 사회적 역할을 추진함에 있어서도 그 전략과 목표가 분명해야 함은 물론이다. 우선 기업이 고려해야 할 것은 사회적 역할이 초래할 비용과 편익에 대한 판단이다. 건강, 안전, 품질 향상 등의 가치 강화, 환경보호의 강화, 정보 제공을 통한 투명성 제고 등의 사회적 활동을 위해서는 새로운 비용지출이 필요하고, 그것이 이루어지려면 재무적인 뒷받침이 있어야 한다. 그러나 그 사회적 활동들은 단순한 비용이 아니라 미래를 위한 투자일 수 있다. 새로운 비용지출이 된다는 점에서 그 활동이 기업의 지속가능성을 약화시킬 수도 있지만, 다른 한편으로는, 파이저 외(Pfitzer et al., 2013)의 지적과 같이, 미래의 성장을 위한 투자일 수 있다는 점에서 오히려 지속가능성을 높이는 일이라 할 것이다. 사회적 활동을 통해 기업은 우수인력을 확보하고, 직원들 간에 긍정적인 태도를 확산시키고, 도덕심을 증진하고, 노하우 및 조직문화 발전과 같은 내적 역량의 강화를 기대할 수 있으며, 외적으로도 기업 이미지, 평판, 명성 등과 같은 무형 자산의 확충을 가져올 수 있다는 것이 학자들의 분석이다.

기업의 사회적 역할이 진정 지속 가능한 핵심역량이 되려면 그것이 기부나 봉사와 같은 단순한 사회공헌 활동이 아니라, 비즈니스 자체에 사회적 가치가 녹아드는 선순환의 고리를 만들 수 있어야 한다. 사회적 역할이 사회공헌으로 인식되는 한 그 활동은 비용이 되나, 비즈니스 자체로 연결되면 그것은 투자일 수 있다. 비용은 관리되고 축소되어야 하나, 투자는 확대되고 조장되어야 한다. 사회적 역할이 자선을 넘어 기업 자신의 투자로 인식될 때 그 역할은 쉽게 확대 재생산될 수 있다. 그런 의미에서 사울(Saul, 2010)은 사회적 자본시장의 중요성을 주장한다. 기존의 시장논리가 주목하지 않았던 소외계층이나 저개발 지역, 그리고 사회적 특성이 강한 교육, 의료, 환경과 같은 특수영역과 연결하여 사회적 변화에 비즈니스 가치를 창조하도록 하는 접근이 중요하며, 이는 기업에 새로운 시장 창출 기회가 될 수 있다는 것이다.

4) 경제적 성과와 사회적 성과는 연계되어 있다

사회적 지속가능성이 경제적 지속가능성을 높일 것이라는 기대는 확실한 것일까? 이를 판단하기 위하여 기존 연구에서 기업의 재무적 성과와 사회적 성과 간의 상호관계를 보면 그 관계가 생각만큼 단순하지 않아 보인다. 재무적 성과가 좋으면 사회적 활동이 증가하는 것은 확실하나, 사회적 성과가 재무적 성과로 연결되느냐 하는 것은 아직 불분명하다. 일단의 학자들이 사회적 성과가 재무적 성과로 연결된다는 긍정적 상관관계를 찾아내고는 있지만(Du et al., 2011), 대부분의 연구에서 그 관계는 불확실하다.

사회적 성과를 조사하는 데 있어 문제점은 사회적 활동에 소요되는 비용이 주로 즉각 계상될 수 있는 수치인 데 비하여 편익은 장기간에 걸쳐 나타난다는 점이다. 또한 수익 증가와 같은 재무 성과는 가시성이 있는 데 비해, 이해관계자들 간의 신뢰, 평판, 이미지와 같이 사회적 관계에서 오는 성과는 비가시적이다. 그렇지만 많은 학자들은 기업이 사회적 가치와 그에 따른 평가에 더 주의를 기울여야 한다는 점에 동감하고 있다.

현대는 평판이 기업의 존립을 좌우하는 시대라고도 한다. 평판과 명성은 기업의 거래비용을 감소시키는 사회적 자본이며 기업의 브랜드로 발전될 경우 기업의 중요한 핵심역량이 될 수 있다. 특히 기업의 자산이 무형자산 중심으로, 기업의 가치가 무형가치 중심으로 평가되는 사회 또는 시장에서는[3] 평판, 명성, 신뢰가 중요한 자산이 될 것으로 보인다. 더바디샵(The Body Shop)이란 미국 화장품 회사는 연 50% 이상의 성장을 보였는데, 그 성장의 한 요인으로 동물보호, 개도국 지원 등의 사회책임 활동이 거론되고 있다.

5) 경제적 가치와 사회적 가치의 조화가 필요하다

기업과 사회는 상호의존적이면서 상호보완적이다. 기업이 사회적 가치를 보다 적극적으로 수용해야 한다는 관점에서는 기존의 '이윤 극대화'라는 관점을 사회적 가치와 어떻게 결합시켜야 하느냐는 문제에 직면한다. 즉 경제적 가치와 사회적 가치의 새로운 전략적 조화(strategic harmonization)가 필요한 것이고, 이는 서로 대립적일 이 2가지 가치의 이중적 창출(dual value creation)이라는 문제에 부딪히게 한다.

---

3) 2007년 언스트앤영(Ernst & Young)이 국내 상장된 700여 개 M&A기업을 대상으로 조사한 바에 따르면 거래금액의 약 70%가 브랜드, 고객관계, 기술 등의 무형자산에 대한 가치로 인식되고 있고, LG경제연구소가 2011년 국내 상장기업을 대상으로 한 조사에서는 상장 시장가치의 약 22%(KOSPI200 대상 기업은 33%)가 무형자산 가치로 분석되었다.

이러한 조화의 전략 형태는 기업 형태에 따라 우선 2가지로 나눌 수 있다. 첫째는 주로 영리기업의 관점에서 어떻게 사회적 가치를 고양시킬 것이냐 하는 것이다. 영리기업의 사회적 가치의 수용 문제는 비가시적인 형태로 나타나기 쉬운 사회적 활동을 어떻게 수행하고 그 성과를 어떻게 측정할 것이냐는 문제로 귀결된다(Smith, 2003). 두 번째는 비영리적인 사회적 기업의 관점에서 어떻게 경제적 가치를 고양시킬 것이냐 하는 것이다. 사회적 기업의 경제적 지속가능 여부는 최근 사회적 기업의 활성화와 함께 주요 이슈로 떠오르고 있다(Dees, 1998), 이 문제는 결국 어떻게 사회적 기업의 비용을 충당하고 수익을 창출할 것이냐 하는 문제로 귀결된다(Alter, 2007).

그러나 이런 2가지 분류는 극단적인 경우로, 대부분 기업 입장에서는 이 2가지 문제의 조화에 있어 다양한 선택을 하고 있다. 표 3-1은 경제적 가치에 집중하는 전통적 영리기업과 사회적 가치에 집중하는 전통적 비영리단체(NGO 등)를 양 극단에 두고 영리성과 비영리성 정도에 따라 혼합형(사회책임형) 영리기업, 혼합형(사회목적형) 영리기업, 혼합형 비영리기업, 비영리기업(사회적 기업)의 6단계의 기업(기관) 형태를 보여 준다. 이 중에서 우리가 논해야 할 비즈니스와 사회적 가치를 조화시키는 기업들은 혼합형(하이브리드) 기업들이고, 특히 사업 전략을 중심에 두고 사회적 가치를 반영하는 기업은 혼합형 영리기업이다. 무선통신망 업체인 텔레노어(Telenor)는 빈곤지역의 지역적 이해에 익숙한 그라민 재단(Grameen Foundation)과 연대하여 저가용 임대 휴대폰인 그라민폰을 빈곤층에 공급하는 사업을 전개하였으며, 현대자동차는 자신의 자동차 기술로 고가의 장애인용 휠체어를 개발하여 장애인에

표 3-1 영리적 사업과 비영리적 사업의 조화

영리성과 비영리성의 조화형 모델					
구분	비영리성 중심			영리성 중심		
	순수 ◀━━━━━━━━━▶ 혼합			혼합 ◀━━━━━━━━━▶ 순수		
형태	비영리단체	비영리기업 (사회적 기업)	혼합형 비영리기업	혼합형(사회목적형) 영리기업	혼합형(사회책임형) 영리기업	전통형 영리기업 (강력한 사회책임)
일차적 목적	– 사회적/환경적 미션 – 면세형	– 사회적 미션과 관련된 수입 – 비영리 면세형	– 영리성과 비영리성 사업 – 양자를 묶을 계약/지배구조	– 사회적/환경적 문제 해결 – 사업 관련 명확한 목표	– 사회적/환경적 목적 – 이윤 창출	– 이윤창출 동기 – 경제적 가치 중심
자본 조달	– 기부/보조금	– 기부/보조금 – 시장비용 이하 조달 – 제품/서비스 수입	– 기부/보조금 – 시장비용 이하 – 제품/서비스 수입	– 시장비용 이하 – 시장비용 조달 – 제품/서비스 수입	– 시장비용 조달	– 시장비용 조달
수수료 가격	– 무료	– 보조금 수준 또는 정상가격 지불과 무상의 혼합	– 시장가격 수준 – 보조금 수준	– 시장 가격	– 시장 가격	– 시장 가격
사례	적십자 WWF 아쇼카	Juma ventures Zero Divide	Greyston재단 – Greyston제과 Mozilla재단 – 모질라기업	딜라이트 (d.Light) 제7세대 그라민폰	파타고니아 더바디샵	GE 나이키 유니레버

자료: K. Deiglmeier, http://csi.gsb.stanford.edu/sites/csi.gsb.stanford.edu/files/ 일부수정.

절반 가격으로 공급할 수 있도록 이지무브라는 기업을 설립하였다.

경제적 가치와 사회적 가치를 조화시키는 것은 쉬운 일이 아니다. 디스와 앤더슨(Dees & Anderson, 2003)은 양자의 조화가 서로 차이 있는 이질적 목표들을 조화시켜야 하므로 기업 경영에 복잡성을 초래한다고 한다. 또한 사회적 가치의 수용이 시장에서의 경쟁우위 상실로 이해되거나 고객의 선호가 사회적 가치와 일치하지 않는 경우 기업에 비효율성을 초래하게 될 것이다. 이런 위험성은 사회적 가치를 전략적 차원에서 수용하려는 기업에서 더욱 두드러질 것이다. 즉 사회책임형 기업보다 사회목적형 기업에서 그럴 것이다. 전자가 법적·윤리적 규범 준수에 중점을 두지만 비즈니스의 독자성을 유지한다면, 후자는 그 전략적 고려에 있어 비즈니스 차원을 넘어 사회적 가치 창출 문제에도 중점을 두기 때문이다.

3. 인터넷 기업의 경제적 지속가능성을 논하다

20세기 말 인류가 목도한 가장 큰 기술혁명이라 할 수 있는 인터넷이 경제, 사회, 정치, 문화 등 모든 면에서 인류의 삶의 모습을 바꾸고 있다. 구글 CEO 에릭 슈미트(Eric Schmidt)의 말처럼 인터넷의 가장 중요한 함의는 연결성(connectivity)에 있다 할 수 있다. 인터넷으로 세계는 기술, 산업, 시장에서 시간과 공간을 초월하여 상호 연결되었다. 이 연결로 지식과 정보는 광범위하게 공유되었고, 사람들의 행동양식은 변화했으며, 비즈니스 전개방식은 혁신되었다. 시장에서는 새로운 가치와 기회가 창조되었고, 기존의 경쟁규칙은 새로운 게임규칙으로 대체되고 있다. 불과 이십수 년 전만 하더라도 세상에 존재하지 않았던 아마존, 구글, 이베이, 페이스북, 네이버 등의 기업들이 업계 정상의 자리에 올라서고 있다.

인터넷 기업이란 인터넷이 만들어 낸 새로운 시장에 새로운 역량을 갖고 나타난 기업이다. 그러나 인터넷 기업도 기업이라는 점에서는 근본적으로 아날로그형 기업과 다를 바 없다. 자신의 고객을 정의하고 그들이 필요로 하는 가치를 제공하여야 하며, 그 가치창출에 필요한 역량의 조합과 사슬을 만들어 내야 한다. 그렇지만 인터넷 기업이 갖는 그 기회와 역량의 내용은 달라져야 한다. 그런 점에서 가치제안, 가치창출, 수익모델이란 3가지 요소를 갖고 인터넷 기업이 가지는 주요 특징을 다음과 같이 기술하고자 한다.

1) 고객에 대한 가치제안상의 변화

인터넷이 가지는 비즈니스적 가치는 고객에 새로운 가치제안을 할 수 있다는 점이다. 그 제안의 핵심요소는 목표시장, 미션과 전략, 고객기반이란 3가지 측면에서 논할 수 있다.

(1) 목표시장의 정의

아날로그 시대가 '잘 만드는 것'에 치중한 시대였다면, 인터넷 시대는 '잘 엮는 것'이 중요한 시대라 한다. 인터넷은 시장의 급격한 변화, 수요의 쏠림, 고객에의 맞춤화를 촉진했다. 이런 인터넷 기업에 중요한 질문은 자신의 시장에 대한 질문이다. 기술과 정보의 용이한 전파와 평준화로 모방이 쉬워지고 혁신이 촉진되는 반면, 제품과 시장의 수명주기는 단축되어 경쟁은 치열해지고 투자위험은 높아졌다. 또한 글로벌 소싱이 촉진되어 원가의 중요성이 감소된 반면 고객과의 관계는 한층 더 중요해졌다. 인터넷으로 고객에 대한 이해는 높아졌고, 고객과 특별한 관계를 구축할 능력이 향상되었다. 블로그, 제품 리뷰, SNS 등을 통하여 소비자들을 자신의 고객집단으로 묶어 나가는 것이 쉬워졌다. 시장은 더욱 세분화·차별화되었으며, 서비스는 더욱 고객 친화적이 되었다. 그러기에 고객을 앞서 정의하고 고객 니즈에 정확히 맞는 서비스를 제공할 수 있는 목표시장의 정의가 무엇보다 중요하다 할 수 있다. 구글, 네이버, 알리바바 등의 성공사례는 이러한 목표시장이 항상 글로컬(*glocal*) 차원에서 정의되어야 함을 시사한다. 글로벌화도 중요하지만, 로컬의 특성 또한 간과하지 말아야 한다. 구글은 글로벌 차원에서는 성공을 거두었지만 한국과 같은 특수지역에서 네이버와 같은 지역기업을 당해 내지 못하고 있다.

(2) 미션과 전략의 수립

미션과 전략은 조직의 이해관계자들을 정렬하는 가장 중요한 수단이다. 인터넷 시장은 진입장벽이 낮고 다양한 비즈니스 모델 혁신이 일어나 경쟁이 치열한 시장이다. 이러한 시장에서는 기업의 미션과 가치가 뚜렷하지 않으면 장기적 목표보다 단기적 목표에 치우치고 전략적 방향 또한 이리저리 흔들리기 쉽다. 인터넷 기업은 또한 외부적으로 다양한 이해관계자들에 둘러싸여 있을 뿐 아니라 내부적으로도 조직규율이 상대적으로 느슨한 특성을 가지므로 미션과 비전의 중요성이 더욱 크다 할 수 있다. 구글의 "악해지지 말자"(*Don't be evil*)는 구호처럼 기업에 일정한 가치를 심어 주는 미션은 그래서 더욱 필요하다 할 수 있다.

(3) 고객기반 및 고착성

인터넷은 기업에게 새로운 힘을 부여하였다. 소비자들에게 편리하고, 통합되고, 맞춤화된 서비스가 가능해졌다. 소비자 선호는 분화했지만 서비스 인프라를 통합할 수 있었고, 생산 프로세스를 표준화하면서도

그림 3-2 인터넷 기반의 고객기반 경쟁력 프레임워크

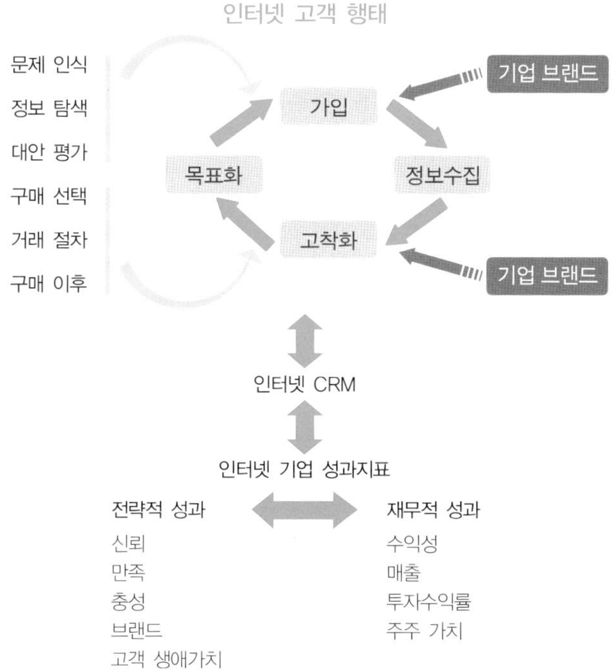

인터넷 고객 행태

문제 인식
정보 탐색
대안 평가
구매 선택
거래 절차
구매 이후

목표화 — 가입 — 기업 브랜드
정보수집
고착화 — 기업 브랜드

인터넷 CRM

인터넷 기업 성과지표

전략적 성과
신뢰
만족
충성
브랜드
고객 생애가치

재무적 성과
수익성
매출
투자수익률
주주 가치

자료: Javalgi et al., 2005.

고객에 제공하는 가치는 다양화할 수 있었다. 특히 인터넷 경제에는 수익체증의 법칙이 작용한다고 한다. 인터넷으로 구축된 네트워크에 네트워크 효과가 발생하는 경우 이는 승자독식(*winner-takes-all*) 의 기회를 가져오기 쉽다. 네트워크에의 참여자 숫자가 증가할수록 서비스 개발 및 인프라 구축에 들어간 대규모의 선행투자를 조기에 상각할 수 있는 규모경제가 실현됨으로써 제품이나 서비스의 가격을 대폭 낮출 수 있기 때문이다. 따라서 인터넷 기업들에는 치열한 고객확보 경쟁이 벌어지기 쉬우며, 신규 고객을 어떻게 끌어들이고 기존 고객층을 어떻게 고착화(*locked-in*) 하느냐가 중요한 이슈라 할 것이다. 이러한 측면에서 기업 브랜드의 명성을 높이는 일은 고객을 자신에게로 쏠리게 하는 중요한 전략이다.

2) 가치창출 프로세스상의 변화

(1) 자원 및 역량의 확보

인터넷 기업도 기업이라는 점에서 타 기업과 차별화된 자원과 역량이 필요함은 물론이다. 마이클 포터(M. Porter) 의 지적처럼 인터넷이 시장의 경쟁을 더욱 치열하게 만드는 측면이 있으므로 자신만의 독특한 역량을 갖는 것은 더욱 중요한 일이다. 다만, 인터넷 기업이 가지는 핵심역량은 소프트하고, 무형적이며, 관계적(네트워킹) 인 역량이기 쉽다. 표 3-2는 한국의 대표적 인터넷 기업이라 할 네이버의 지속 가능한 핵심역량을 나타낸 것이다. 표에서 보는 바와 같이 네이버의 핵심역량은 우수한 검색기술, 다양한 콘텐츠와 서비스 품질, 커뮤니티(네트워

표 3-2 네이버의 주요 비즈니스 활동 및 핵심역량

가치창출 요소	주요 활동	핵심역량	성과	경쟁우위 (VRIS)
네트워크 확충	• 사용자 플랫폼: 검색, 라인, 밴드, me2, 카페, 보완적 서비스	기술적 기반 사용자 기반 구축 브랜드 명성	사용자 경험 사용자당 이윤 규모경제 효과	V R I
서비스 제공	• 콘텐츠 확보: 지식iN, 게임, 블로그, 뉴스, 증권, 이메일, 지도, 기타 콘텐츠	사용자 편리성 우수 콘텐츠 발굴 다양한 BM 개발 외부 협력 관계	사용자 만족 서비스 고도화 수익 다원화 서비스 안정화	S R V S
인프라 관리	콘텐츠/정보/서버 관리	관리 비용/안정화	관리 효율	S

V(valuable): 가치성, R(Rare): 희귀성, I(Inimitable): 모방불능성, S(Superior): 우수성.

크) 형성 능력, 브랜드 명성 등이라 할 수 있다.

인터넷 기업의 역량으로 특히 주목되는 것은 지식정보 역량이다. 인 터넷 혁명은 지식정보의 폭(*reach*)과 깊이(*richness*)가 달라지는 지식정 보 혁명을 의미한다. 인터넷을 통한 지식정보의 생산, 유통, 공유는 새 로운 가치와 시장을 창출한다. 최근 빅데이터의 활용 증가 또한 비즈니 스의 새로운 가치창출로 연결되고 있다. 한편 인터넷은 기업의 실제 행 동을 알 수 있게 해주어 기업활동의 투명성과 사회적 신뢰를 강화시켜 이해관계자들의 상호협력을 촉진할 수 있다. 인터넷은 또한 고객들의 연대가 보다 쉽도록 해준다. 이는 기업이 이전보다 고객들의 선호에 더 예민해야 하고, 기업의 명성과 브랜드가 더욱 중요해짐을 의미한다. 특히 성장 초기단계에서 이러한 명성과 브랜드의 구축은 중요한 일이 다. 명성으로 고객기반 형성과 이해관계자들과의 협력이 용이해져 기 업의 핵심역량이 강화된다. 그러기에 인터넷 기업에서는 인터넷, 모바 일, SNS를 활용하여 자신의 이미지를 제고하고 사회적 신뢰를 구축하려는 노력을 강화하고 있다.

(2) 가치 네트워크의 구축

인터넷 기업에는 전통적 제조기업과 다른 가치사슬이 필요하고, 이를 가치 네트워크라 부를 수 있다. 효과적인 네트워크가 되기 위해서는 다양한 보완적 자산(예를 들어 표 3-2에서 콘텐츠, 커뮤니티 같은 보완적 서비스)을 활용하여 네트워크의 제공가치를 증대할 수 있어야 한다. 4)5) 이러한 가치 제공으로 외부 잠재고객의 네트워크로의 쏠림 현상을 유발하는 한편 기존 고객들은 자신의 네트워크에 고착화할 수 있다.

네트워크 기반의 사업 속성이 강화되며 나타나는 현상 중 하나는 플랫폼의 중요성이다. 6) 플랫폼이란 제품이나 서비스를 반복적으로 생산, 제공하는 기반을 말한다. 네트워크 기반의 산업에서는 종전의 기업 간, 산업 간, 지역 간의 경계가 희박해지므로 환경변화에 따라 기업의 모습도 유연하게 변할 수 있어야 한다. 자신의 핵심역량의 기초 위에 다양한 외부 파트너들의 역량을 부가하여 자신의 가치 네트워크와 비즈니스 모델을 혁신해 나갈 수 있는 플랫폼이 필요하다. 플랫폼의 가

---

4) 애플이 30억 달러를 투자해 음악 사이트인 비츠(Beats)를 구매하려는 것도 보완적 자산을 확보하는 것이다.

5) 구글은 인수합병을 통한 기업 성장에 주력하고 있는데, 최근 발표한 바에 따르면 자사가 해외에 보유한 현금 중 대부분(2014년 3월 기준 약 35조 원의 현금보유액 중 약 30조 원)을 M&A에 투자할 예정이라고 한다.

6) 플랫폼은 이제 모바일, SNS, TV 등 다양한 분야로 확대되고 있다. 검색자와 광고주를 연결하는 인터넷 플랫폼으로서 시작한 구글의 사업기반이 이제 다양한 앱(Apps) 공급기업들과의 협력, 제휴 플랫폼인 모바일 안드로이드 플랫폼으로 발전하고 있다.

치는 사용자 기반 확장, 수익창출 모델 구축, 투자비용 관리 등에 의해 결정된다. 사용자 기반이 중요한 것은 사용자가 많을수록 규모경제 효과가 나타나고 수익을 창출하기 용이하기 때문이다.

네트워크가 잘 작동하려면 다양한 외부 파트너 기업들과의 긴밀한 상호협력이 필수적이다. 이런 의미에서 네트워크가 하나의 생태계로 진화할 수 있어야 한다. 생태계에는 공급자, 고객, 보완재 공급자, 인프라 형성자 등 다양한 이해관계자들이 존재하기에 이들이 어떠한 조정과 유인을 통해 협력관계를 갖게 하느냐가 중요하다. 즉, 상호협력 네트워크를 형성하기 위해서는 이해관계자들 간에 이해의 조화를 이룰 거버넌스(*governance*)가 필요하다. 전통적인 공급사슬의 문제는 수급기업 간의 관계가 수직적 관계로서, 공급기업이 선행투자를 할 경우 수요기업에 자신을 매게(인질화: *hold-up*)[7] 된다는 점이다. 인터넷 기업이 아날로그 기업과 다른 점은 사업 초기 선행투자가 상대적으로 적어 이런 인질화 문제가 감소할 수 있다는 것이다. 이는 인터넷 기업의 공급사슬에 있어서는 전방의 콘텐츠 제공 기업에 대한 플랫폼 기업의 장악 압력이 상대적으로 약하다는 것을 의미한다.

---

[7] 기업 간의 관계에서 한쪽이 더 적극적이 되면 오히려 상대에게 인질이 되어 발목을 잡힌다는 것으로, 예를 들어 수급기업 간의 관계에서 선행투자를 한 공급기업이 수요기업에 인질로 잡히는 것과 같은 경우이다.

3) 수익모델의 설계

인터넷 기업에는 특히 수익모델이 중요하다. 가치 네트워크 속의 다양한 이해관계자들의 이익 균형은 결국 그들 간의 비용, 위험, 가격에 의해 결정되고, 이를 정하는 것이 비즈니스 모델상의 수익모델이라 할 수 있다. 인터넷 기업들은 네트워크로서 양면(*two-side*) 또는 다면(*multi-side*)의 시장구조를 갖고 있다. 양면시장은 무상이나 아주 낮은 가격으로 서비스를 제공하는 보조금 시장(검색, 커뮤니티, SNS 활동 등)과, 서비스에 대해 적정한 대가를 지불받는 지불 시장(광고, 콘텐츠 이용 등)으로 나누어 볼 수 있다. 보통 후자의 수입으로 전자의 비용을 충당하는 것이 양면시장의 수익모델이라 할 것이다. 그러기에 양면시장에서는 전자 시장과 후자 시장의 고객 간에 이해의 상충이 일어나기 쉽다. 예를 들어 포털 검색자(*eyeballs*)는 가능한 광고를 안 보는 것이 편할 수 있고, 광고주(*advertisers*) 입장에서는 가능한 많은 광고를 효과적으로 볼 수 있게 하는 것이 광고료 지불의 이유이다.

인터넷 기업은 전통기업에 비해 수익모델이 다양하다 할 수 있다. 형태 면에서 판매수익 이외에도 커미션, 광고료, 가입비, 서비스 사용료, 판매소개 수수료 등 다양한 접근이 가능하다. 수입원 면에서도 판매, 중개알선, 사용, 오락, 음악, 광고 등으로 다원화하고 있다. 다양한 수익원을 상호 결합한 수익모델의 개발도 인터넷 기업이 갖는 특징이라 할 수 있다. 예를 들어 포털들은 수익원을 검색, 광고, 게임 등으로 다원화하기 위해 노력하고 있다.

4. 인터넷 기업에도 경제적 가치와
   사회적 가치의 조화가 필요하다

인터넷 기업도 전통기업과 마찬가지로 경제적 가치와 사회적 가치를 조화시켜야 할 상황에 처하게 된다. 더구나 인터넷은, 정보사회학자들의 지적처럼, 모든 사회 영역에서 새로운 정체성의 창출, 힘의 분산, 새로운 형태의 사회조직 구축 등을 촉진하고 있으므로 오히려 전통기업보다 더욱 사회적 가치를 고려해야 할 것으로 보인다. 삶의 제2의 공간이 되고 있는 인터넷 공간이 사회적 가치는 도외시하고 이윤추구란 경제적 동기로만 움직이는 공간이 된다면, 그것은 오프라인 사회의 조화와 발전을 위협하는 요인이 될 수 있다.

사회적 가치를 경제적 가치와 조화시키려는 기업의 전략적 선택대안은 표 3-3의 4가지로 생각해 볼 수 있다.[8] 첫째는 경제적 가치도 낮고 사회적 가치도 낮은 경우로서, 그 전략적 대안은 사회적 가치의 고려에 앞서 우선 경제적인 수익 확보를 위해 자신의 비즈니스 자체를 전면 재검토하는 것이다. 둘째는 경제적 가치는 높으나 사회적 가치는 낮은 경우로, 그 선택대안은 자신의 사회에 대한 가치제안을 재검토하는 것이다. 셋째는 2가지 가치 모두 높은 경우로, 가치창출 네트워크를 재검토

---

8) 포터와 크레이머(Porter & Kramer, 2011)는 공통의 가치를 창출하는 길로 3가지를 제시하였다. 제품과 시장의 재설계, 가치사슬상 생산성의 재정의, 지역클러스터(생태계)의 발전 촉진 등이 그것이다. 파이저는 기업이 사회적 가치를 수용하는 방안으로 기업 미션의 재정의, 대외적 공표, 핵심 프로세스에의 반영이라는 3가지 길을 제시하였다.

표 3-3 전략적 선택: 경제적 가치와 사회적 가치의 조화

		사회적 가치	
		낮음	높음
경제적 (재무적) 가치	낮음	비즈니스 재검토 (Rethinking Business) − 사업기회 재정의 − 역량의 혁신 / 강화 − 사업 프로세스 재설계	수입원 재설계 (Redesign Revenue Source) − 새로운 수입원 발굴 • 누가 지불할 것인가? 기부? − 사회적 기반의 활용
	높음	가치제안의 재설계 (Redesign Value Proposition) − 사회적 가치의 재인식 • 가치지향적 고객의 이해 − 사회적 가치의 증진 • 사회적 가치에 대한 소통	가치창출 네트워크의 재설계 (Redesign Value Creation) − 역량 간 결합 시너지 창출 − 미래 성장기회의 탐색 − 지속 가능적 역량 구축

하는 것이 그 선택대안이고, 넷째는 사회적 가치는 높으나 경제적 가치가 낮은 경우로, 기업의 존립에 필요한 수입원을 발굴, 강화하는 것이 선결문제라 하겠다.

1) 비즈니스의 재검토

기업에서의 사회적 가치 실현도 우선 기업이 존립해야 가능한 것임은 물론이다. 비즈니스의 가치 창출이 취약하다면 영리기업으로서는 존립할 수 없다. 따라서 수익을 내지 못하는 영리기업의 경우 우선 비즈니스로서의 가치창출 대상과 방식을 재검토해야 함은 물론이다. 사업기회로서의 시장과 제품을 재정의하고, 비즈니스의 목표와 전략, 역량, 실행 프로세스를 재설계해야 한다. 이 단계에서는 또한 사회적 가치의 실현보다는 기업 자신에 주어진 법적 책임의 성실한 이행에 우선 노력이 집중되어야 한다.

2) 가치제안의 재설계

인터넷을 활용한 새로운 시장창출, 즉 새로운 가치창출과 목표고객에의 접근은 인터넷 기업에 특히 중요한 일이다. 자신의 고객집단이 갖는 사회적 가치를 재인식하는 것이 목표시장 설정의 주요 고려요소가 되어야 한다. 사울(Saul, 2010)은 이런 점에서 '사회적 자본시장'이라는 개념을 소개하였다. 그는 교육, 의료, 환경 등의 분야에서 기업이 사회적 가치를 비즈니스 전략에 녹여 낼 수 있다고 한다. 이미 상당수 기업들이 이러한 새로운 시장기회를 찾아내고 있다. 교육시장에서는 기존의 대학들이 대규모 개방형 온라인 교육과정인 MOOC(Massive Open Online Course), 코세라(Coursera) 등을 주도함으로써 고품질 교육의 대중화를 선도하고 있으며, 의료시장에서는 기존 병원들에 e-헬스(e-Health) 선풍이 불고 있다. 환경 분야에서도 자신의 수익모델과 사회적 가치를 연결한 트리플래닛(게임 속에서 나무를 키우면 실제 나무가 심어지는 게임으로, 나무 심기 비용은 기업 광고비로 충당) 같은 기업들이 나타나고 있다.

문제는 어떻게 경제적 가치와 사회적 가치를 조화시킬 것이냐 하는 것이다. 우선 생각할 것은 기업 미션에 있어서의 사회적 가치의 고려이다. 경제적 미션은 개별 기업의 수익과 비용 등에 중심을 두는 데 비해, 사회적 미션은 사회적 혜택, 사회와의 상호작용, 타 구성원과의 공존 등에 중심을 두는 차이가 있다. 기업들의 실제 미션을 보면 이러한 사회적 가치들이 많이 반영되어 있는데, 문제는 이러한 미션이 실제로 집행되느냐 하는 것이다. 미션과 전략에서 이탈된 가치는 지켜지기 어렵다. 이런 점에서 사회적 가치를 수용하려는 기업은 자신이 추구하는 가치에 진정으로 변화가 있는가, 이런 사회적 가치를 어떻게 기업 목표나 활동에 반영시킬 것인가 하는 것을 진지하게 물어야 한다.

많은 국내 기업들이 기부나 자선으로 자신의 사회공헌을 다하였다는 생각을 하고 있다. 인터넷 기업들 또한 현재의 사회활동에 비추어 볼 때 그런 한계를 넘지 못하고 있다. 인터넷상생협의체가 조사한 "2014 인터넷 기업 상생프로그램 현황조사 결과"에 의하면 국내 인터넷 기업의 사회활동은 단순 기부나 자선활동(네이버, 라인, 다음, 이베이, CJ넷마블, 티켓몬스터), 인큐베이터 제공(네이버 웍스, 네오위즈게임즈, 다음), 대학생/청소년 교육(다음, 네오위즈), 홍보 지원(네이버 미디어 노출), 네트워크 연결 지원(네이버 부동산 정보), 창업 지원(인터넷진흥원 K-스타트업), 소상공인 지원(네이버 희망재단, 소상공인진흥원), 예술 지원(네이버) 등의 사회봉사 활동에 집중되었다. 즉 자신의 미션이나 전략으로 일체화하지는 못하고 있는 것으로 보인다. 다만, 그 내용이 취약계층에 직접적 자선을 베풀기보다는 창업 등 미래 세대를 위한 것이라는 점에서는 의미가 있는 것으로 보인다.

기업이 미션으로서 사회적 가치를 수용하는 것은 전통기업보다 인터넷 기업에 보다 용이할 수 있다. 우선 인터넷 기업은 '받는 것' 위주의 사고(원가절감, 가격인상 등)를 가진 전통기업과 달리 '줄 것'을 전제로 하는 사고에 익숙하다. 공짜경제란 말을 낳았듯이 인터넷 서비스에 넘치는 무료 서비스가 그 예이다. 인터넷 비즈니스와 고객이 느끼는 사회적 공헌의 보람을 연결시킨 트리플래닛, 빅워크(앱을 켜고 10미터를 걸을 때마다 광고수입에서 1원씩 기부하게 함) 등이 그것이다. 또한 인터넷 기업은 크리스 앤더슨(Chris Anderson)의 지적처럼 다양한 수요라는 롱테일(long-tail) 고객을 대상으로 하는 비즈니스이기 쉽다. 다양한 고객들을 대상으로 다양한 제품이나 서비스를 제공할 수 있기에 사회적 가치를 수용할 가능성도 그만큼 높다 할 것이다. 문제는 고객의 특성에 따라 이러한 사회적 가치를 수용할 수도 거부할 수도 있다는 것이다. 예를 들어 노인, 장애인, 저소득층 등 소외계층 고객의 경우에는 사회적 가치의 서비스가 필요하더라도 가격이 높을 경우 그 서비스를 구매할 수 없다. 가치와 가격을 어떻게 조화시킬지의 문제는 온전히 해당 기업의 몫일 것이다.

3) 가치창출 네트워크의 재구축

기업이 사회적 가치를 수용한다 하더라도 그것을 기업 자신의 프로세스와 역량으로 내재화하는 데는 한계가 있을 수 있다. 경제적 역량과 조화되기 위해서는 사회적 가치가 일부 사회적 책임 전담부서만의 관심에 머물지 않고 제품, 전략, 마케팅 등 기업 내 전 프로세스로 수용될 수 있어야 한다. 예를 들어 커피빈은 유기농 재배 농가로부터 원료를 특별 구매하며, 스타벅스는 친환경적 커피콩 공급자에 높은 가격을 지불하고 있다. 이러한 노력이 보다 전략적이기 위해서는 이것이 구매팀만의 가치가 아닌 R&D, 생산, 마케팅 팀들의 가치일 수 있어야 한다. 사회적 가치가 경제적 역량에 녹아들기 위해서는 사회적 가치와 경제적 가치 실현의 두 프로세스 간에 역량의 보완성(resource complementarity)이 필요하다. 오스틴과 사이타니디(Austin & Seitanidi, 2012)가 말한 '가치창출 스펙트럼의 형성', 유누스 등(Yunus et al., 2010)이 말한 '자원과 전문역량의 좀더 광범한 조합'이란 이런 역량의 보완성을 의미한다. 하이브리드 기관차, 고효율 조명기기 등을 내놓은 GE의 에코매지네이션(Ecomagination)이 환경보호란 사회적 가치를 그렇게 성공적으로 추진한 것도 역량의 보완성이 있었기에 가능한 일이었다.[9] 그러나 자신에 이 역량이 없다 하더라도, 사회적 가치 실현에 전문 역량을 가진 보완적인 파트너(타 기업, 사회적 기업, NGO 등)의 협력이 있다면 가치 네트워크의 구축이 용이할 것이다.

현재 국내에서 진행되고 있는 인터넷 기업들의 사회적 가치창출 네트워크 구축은 그런 점에서 의미가 있다. 인력교육(네이버, 이베이), 콘텐츠 기업 지원(네이버 지분투자, 다음 API서비스 개발), 협력기업 인프라 지원(SK플래닛) 등의 노력이 상생프로그램의 일환으로서 자신의 경제적 가치 창출의 연장선상에서 이루어지고 있고, 검색 광고 지원(얼라이언스인터넷), 인터넷 공간 제공(이베이의 지역특산물관 프로그램)과 같이 자신의 역량을 외부와 공유하는 데 중점을 둔다. 그러나 그 수준이 자신의 기존의 비즈니스 전략과 프로세스를 사회적 가치와 조화시키는 수준에까지 이르렀다고 하기는 어렵다. 다시 말해 경제적 가치와 보완성을 갖는 엄밀한 의미의 사회적 가치 구현과는 차이가 있고 그 규모도 매우 미흡한 수준이라 하겠다.

다양한 이해관계자들 간의 협력이 중요한 플랫폼 기업에서는 특히

---

9) GE는 환경요소를 제품 선정과정에 고려했더니 관련 제품 수입이 비관련 제품보다 2배 이상으로 증가하였다 한다.

그들 간의 협력을 제대로 이룰 조정과 유인체제를 과연 갖추었는가 하는 문제가 있다. 핵심 파트너들이 공정하게 선택되었고 그들과의 협력이 평등하고 용이하게 이루어지는가, 커뮤니티와의 원원(*win-win*) 시나리오가 가능한가 등과 같은 질문이 가능하다. 그러나 이러한 질문에 대한 대답은 일조일석에 이루어지지 않는다. 다시 말해 가치창출 네트워크인 비즈니스 모델의 혁신이 이루어지는 데는 점진적이지만 지속적인 진화의 시간이 필요할 것이다.

4) 수익모델의 재설계

사회적 가치의 실현은 확보하나 경제적 수익을 내기 어려운 것은 사회적 기업들이 당면하는 보편적 상황이다. 그러나 기업에게 있어 수익 창출은 존립의 기본이다. 사회적 가치를 실현하는 활동들에서는 기본적으로 수익을 확보하기가 쉽지 않다. 그러기에 사회적 가치를 수용하기 위해서는 다원적인 수입원 확보가 필수적이다. 우선 인터넷 기업은 다양한 수입원을 가질 수 있다. 개인이나 기업의 기부나 후원금(해피빈, 기부톡), 광고료(애드투페이퍼 광고), 임대료, 가입료, 클릭 당 사용료 등의 방식이 가능하고, 정부로부터의 보조금(딜라이트), 개인들의 소액투자(*crowd funding*) 같은 방식도 가능하다. 이러한 수익을 바탕으로 제품이나 서비스를 무상, 또는 상대적 저가로 공급할 수 있다.

인터넷 기업은 또한 앞서 말한 대로 한쪽은 무상으로 제공하고 다른 한쪽은 유상으로 제공하는 양면시장(또는 다면시장)의 사업구조를 가진 경우가 많다. 사회적 가치의 실현 활동도 이런 양면시장을 활용하여 전개할 수 있다. 사회적 활동은 무상 차원에서, 경제적 활동은 유상 차원에서 분리하여 전개할 수 있는 것이다. 그러나 이질적인 공익사업과 수익사업의 기회 및 파트너들을 연계시키기는 쉬운 일이 아니다. 앞서 말한 바와 같이 포털의 경우 광고에 노출되어야 하는 검색자와 광고를 내보내야 하는 광고주 간의 이해관계는 서로 상충된다. 사용자를 감동시킬 사회적 가치를 찾아내는 일, 광고주를 유혹할 수 있는 효과적인 광고기술 등 이해관계를 규율할 비즈니스 모델이 필요한 것이다.

사회적 가치가 가진 문제는 그 비용과 성과가 대부분 비가시적이라는 데 있다. 사회적 활동은 기업에 평판과 명성을 가져올 수 있고, 이에 따른 브랜드 차별화가 고객의 충성을 유도할 수 있지만, 그 효과를 측정하기는 쉽지 않다. 명성이 가져올 위험감소 효과를 계산하기도 쉽지 않다. 그러나 계산은 어렵다 하지만 유사 브랜드 출현, 악성 루머 유포, 운영상의 치명적 실수 등 기업에 부정적인 정보가 발생한 경우 평소 사회적 가치에 대한 신뢰와 명성을 쌓은 기업이라면 상대적으로 자신을 보호하기 쉬울 것이다.

5. 성숙된 자본주의로의 진화를 꿈꾸며

모든 시스템은 변화에 적응할 수 있어야 한다. 변화는 시대를 정의하고 규율한다. 그러기에 모든 시스템은 시대의 산물이다. 20세기가 이윤추구형 기업의 시대였다면, 21세기는 분명 20세기와는 다른 형태의 기업을 요구한다.

그런 의미에서 최근 기업의 사회책임론(CSR) 목소리가 강화되고 있는 것은 분명 환영할 만한 일이다. 그러나 맥킨지의 한 보고서는 현재의 CSR 운동이 갖는 한계를 지적한다. CSR이 비즈니스 내부의 완전한 지지를 받지 못하고 있고, 현실과 괴리되어 추진될 우려가 크며, 경영진이 CSR을 자신의 명성 쌓기에 활용하려고만 하고, CSR 노력이 단기적으로만 실천되어 비즈니스와 괴리되어 있다는 것이다. 새로운 차원의 CSR이 필요한 것은 기업의 전략이나 역량과 유리된 CSR로는 기업의 지속가능성을 담보하기 어렵기 때문이다. 경영자의 선함으로부터 기업의 책임을 구하려는 것도 필요하지만, 이제는 기업의 비즈니스 자체에 사회에의 책임을 불어넣고 또한 사회에 대한 역할에서 미래 비즈니스의 기회를 찾아내는 지혜가 필요한 때가 되었다. 경제적 지속가능성을 가진 기업일수록 그 책임과 역할에 대한 인식이 높아져야 한다.

인터넷은 우리의 삶을 바꾸는 하나의 혁명이다. 다양한 소통과 담론, 상호작용과 유대, 공동체로서의 의식, 정치적·사회적인 참여 등이 이루어지고 있다. 이러한 인터넷 공간을 대상으로 한 인터넷 비즈니스이기에, 그것이 어떠한 모습이냐 하는 것은 곧 우리 사회에 대한 물음이요, 우리 자본주의에 대한 물음이다.

인터넷 기업이 우리 자본주의를 바꾸는 힘일 수 있다. 인터넷 기업들이 새로운 사고와 지혜를 갖는다면 미래의 성숙한 자본주의를 위해 비즈니스와 인터넷의 힘을 합칠 수 있다. 즉 인터넷 공간에 사회적 가치의 힘을 많이 불어넣을수록 우리 자본주의는 한 걸음 더 성숙한 단계로 도약할 수 있을 것이다.

인터넷 광고는 스마트해지고 있나?

최세정 고려대 미디어학부

1. 여는 말

인터넷 없는 우리의 삶을 상상할 수 있을까? 이제는 새롭다고 할 수 없는 이 질문에 우리는 "아니다"라고 답할 수밖에 없을 것이다. 그만큼 인터넷은 일상의 다양하고 깊숙한 면까지 파고들어 우리 삶의 필수불가결한 요소가 되었다. 인터넷의 중요성은 저자가 대학생들을 대상으로 실행한 미디어 서바이벌(강의시간에 행해지는 간단하고 변형된 형태이지만)이라는 게임을 통해서도 알 수 있었다. 평소 자신이 사용하는 다양한 미디어들 중 하루에 하나씩 포기해야 하는 상황을 부여하고 결정하도록 했을 때 거의 모든 학생들은 스마트폰을 마지막까지 포기하지 않았다. 신문, 잡지, TV, 라디오 등의 전통적 미디어는 대동소이한 순서로 초반에 사라졌지만 PC와 스마트폰은 없으면 생존 자체가 불가능할 것이라는 과장 섞인 찬사를 받으며 끝까지 생존했다.

이렇듯 우리는 다양한 미디어를 이용하지만 그 중요성과 필요성은 미디어에 따라 다르게 인식하고 있음을 알 수 있다. 물론 개인차는 있지만 특히 젊은 세대의 공통점은 스마트폰에 대한 높은 의존도이다. 항시 휴대하고 생활에 필요한 거의 모든 기능을 수행하는 스마트폰의 독보적인 중요성은 당연하다 할 것이다. 하지만 게임을 진행하면서 더욱 흥미로웠던 것은 게임 규칙의 모호성, 그리고 미디어의 구분과 인터넷 사용 가능 여부에 대한 학생들의 지적이었다. PC, 태블릿 PC, 스마트폰 등을 이용해 신문과 잡지를 읽고 TV를 시청하고 라디오를 듣는 세대에게 미디어를 명확히 구별하고 각 미디어에 대한 포기 혹은 유지 결정을 한다는 것은 타당한 일이 아니었다. 또한 인터넷 이용 가능 여부가 결정의 중요한 요인이어서 스마트폰이라고 해도 인터넷이 연결되지 않는다면 그 유용성이 급감하기 때문에 인터넷을 사용할 수 있는 PC가 차라리 더 낫다고 언급하기도 했다.

산업과 학문의 관점에서 많이 논의되어 온 인터넷을 기반으로 한 미디어 컨버전스, 디지털 컨버전스, 혹은 스마트 컨버전스가 우리의 미디어 소비 행태를 확연히 변화시켰고, 인터넷은 우리가 미디어를 통해 이용하는 수많은 서비스의 핵심 기반이라고 할 수 있다. 실제로 한국인터넷진흥원의 '2013년 인터넷 이용 실태조사'에 따르면 12세 이상 인터넷 이용자 70% 이상이 인터넷이 일상생활에서 중요하며(71.0%) 일상생활을 편리하게 한다(70.7%)고 인식하는 것으로 나타났다. 또한 인터넷을 이용하는 가장 주된 용도는 '자료 및 정보 획득'(91.3%)이었다. 사실 인터넷이 제공하는 다양한 혜택 가운데 가장 중요한 것 중 하나는 용이한 정보수집이다. 우리는 언제 어디서나 필요한 정보를 얻을 수 있고 나아가 인터넷의 연결성을 기반으로 다른 사람들과 언제 어디서나 정보를 공유할 수 있다. 오늘날 소비자들은 제품이나 서비스 평가와 구매결정에 있어서 인터넷을 통한 정보수집과 공유를 통해 과거와는 비교할 수 없을 정도로 현명하다고 할 수 있다.

소비자들이 똑똑해짐에 따라 광고도 마찬가지로 똑똑해져야 한다. 인터넷 혹은 인터넷 기반 미디어가 끊임없이 진화하면서 광고도 함께 변화하고 있다. 단순 노출을 목표로 하는 일방향성 광고에서 소비자의 요구에 반응하는 양방향성 광고로 변화했으며, 더 나아가 이제는 소비자 개개인의 취향과 관심을 능동적이고 체계적으로 파악하고 이를 반영하는 개인화 맞춤형 광고로 발전하고 있다. 급속하게 변화하는 미디어 환경에서 전통적인 미디어를 기반으로 하는 기존 광고의 효과와 효율성이 급격히 떨어짐에 따라 모바일 인터넷과 스마트 미디어를 기반으로 하는 새로운 패러다임의 맞춤형 광고가 요구되고 있다.

또한 뉴스, 검색, SNS, 게임 등 인터넷을 기반으로 하는 다양한 콘텐츠와 서비스는 광고를 주요 수익모델로 하여 이용자에게 무료로 제공되며 그 저변을 확대하고 성장해 왔다. 예를 들어 국제적인 인터넷 선두 기업 구글의 2012년 전체 매출 중 95%를 광고가 차지하는 등 효과적인 인터넷 광고의 개발은 인터넷 산업 발전의 핵심 기반이라고 해도 과언이 아닐 것이다.

따라서 가속화하는 미디어 환경, 소비자 의식의 변화 속에 광고의 영향력과 효율성을 제고하려는 광고계의 노력이 절실하다. 이 때문에 스마트 미디어를 기반으로 하는 새로운 광고를 총칭하는 '스마트 광고'가 주목받고 있다. 정부 또한 스마트 광고를 우리나라의 창조경제를 견인할 핵심 산업으로 지정하고 '스마트 광고 산업 육성전략'을 통해 2017년까지 650억 원의 재정적 지원을 제공할 계획이라고 발표했다.

전통적인 미디어를 기반으로 한 전통적인 형태의 광고 효율성이 급감하고 스마트 미디어의 소비가 급증하는 가운데 스마트 광고가 앞으로 광고 산업 발전의 원동력이 될 것이라는 예측에는 이견이 없을 것이다. 하지만 아직 스마트 광고의 개념은 정확히 정립되지 않았으며 그 유형화와 효과에 대한 학문적 연구는 미비한 상태이다. 따라서 먼저 인터넷의 발달과 함께 변화해 온 인터넷 광고의 주요 유형과 관련 개념을 살펴보고 핵심이 되는 맞춤형 광고의 진화를 논의함으로써 차세대 맞춤형 광고라고 할 수 있는 스마트 광고의 가능성을 고민해 보고자 한다.

2. 인터넷 광고의 유형과 진화

1994년 최초의 상업 웹매거진인 〈핫와이어드〉(*HotWired*)에 세계 최초의 배너 광고인 AT&T 광고가 게재된 후 다양한 인터넷 광고가 등장하고 성행해 왔다. 광의의 인터넷 광고란 인터넷을 기반으로 소비자에게 상업적 메시지를 전달하는 모든 광고를 의미한다. 온라인 광고라고 불리기도 하며 모바일 인터넷의 성장과 함께 모바일 광고 또한 포함한다(맥락에 따라서는 인터넷 광고와 모바일 광고를 구분하기도 한다). 이렇게 인터넷 광고는 포괄적으로는 이해되지만 인터넷이 꾸준히 진화하면서 인터넷을 기반으로 하는 다양한 하부 요소와 기기, 플랫폼 등의 등장으로 인해 그 구체적인 개념과 유형의 규정은 쉽지 않다. 하지만 일반적으로 크게 노출형과 검색형 광고로 나눌 수 있다. 또한 모바일 인터넷의 급격한 성장과 함께 모바일 광고에 대한 관심도 증대되고 있다.

1) 노출형 광고

최초의 인터넷 광고였으며 가장 오랜 역사를 가진 배너 광고가 노출형 광고의 대표적 형태이다. 배너 광고는 규격화된 크기의 직사각형 혹은 정사각형 띠 모양으로 웹페이지의 정해진 위치에 삽입되어 메시지를 소비자에게 노출하고 타깃 사이트(회사나 제품, 서비스 사이트)와 연결되어 있어 소비자가 클릭할 경우 이동하여 구체적인 정보와 서비스를 제공받을 수 있도록 한다. 인터넷 광고 초창기의 연구에 의하면 배너 광고는 종이신문이나 잡지에서 흔히 접하는 전통적인 형태의 광고와 비슷하게 제품이나 서비스의 인지도와 태도를 제고하고 구매를 유도하는 효과를 가진다. 하지만 전통적인 미디어 광고와 다른 점은 광고의 효과를 실시간으로 모니터하고 측정할 수 있다는 것이다. 초기의 단순한 배너 광고가 다양한 형태로 진화하면서 디스플레이 광고(DA: Display Ad)라고 불린다.

텍스트와 단순한 그래픽으로 이루어졌던 초기 배너 광고 이후 인터넷 속도 개선과 함께 멀티미디어를 구현하는 디스플레이 광고들이 등장했다. 이러한 리치미디어 광고(*rich media ad*)는 플래시(*Flash*), 자바(*Java*), 스트리밍(*streaming*) 등의 기법을 통해 비디오, 오디오, 애니메이션 등을 복합적으로 활용하여 보다 다양하고 풍부한 형태의 메시지를 제공할 수 있다. 예를 들어, 새로운 웹 브라우저 창을 열어 원래의 브라우저 창 위에 나타나는 팝업(pop-up) 광고와 원래의 브라우저 창 아래에 새로운 창을 통해 광고를 보여 주는 팝언더(pop-under) 광고가 있다. 플로팅(floating) 혹은 오버레이(overlay) 광고는 요청된 웹사이트의 내용 위로 겹쳐서 보이고, 미리 정해진 시간이 흐른 후 자동적으로 사라지거나 X 혹은 닫기(close)를 누르면 사라진다. 또한 디스플레이 광고를 마우스로 접촉하면 사운드나 비디오가 재생된다거나, 광고 화면이 확장(확장형 광고: expandable ad) 혹은 팝업되거나, 광고가 변형되거나, 광고 화면 내에서 간단한 게임, 설문조사, 구매 등을 할 수 있도록 하는 등 멀티미디어적 요소와 상호작용이 강화된 리치미디어 광고가 소비자들의 주목을 끌고 있다. 디스플레이 광고는 무수한 사이트에서 활용되는 가장 보편적인 형태의 인터넷 광고이다.

동영상 광고 또한 인터넷 기반의 영상 콘텐츠 소비가 급증함에 따라 증가하고 있다. VOD(Video On Demand) 광고라고도 불리며, 이용자가 원하는 영상을 요청하면 로딩이 되는 동안 광고를 보여 주기 때문에 쉽게 피할 수 있는 다른 온라인 광고와 달리 강제 노출이 가능하다는 장점이 있다. 과거에는 판도라TV, 엠군, 곰TV 등 국내 동영상 사이트가 우위를 점했었지만 현재는 글로벌 무료 동영상 공유 사이트인 유튜브(YouTube)가 약진하면서 독보적인 선두 자리를 차지하고 있다. 인터넷 조사업체 '코리안클릭'에 의하면 유튜브는 2014년 6월 국내 온라인 동영상 시장의 79.1%를 차지하며 압도적인 점유율을 보이고 있다. 이는 유튜브가 국내 시장에 진출한 이후 최고 수치이며 2008년 2%에서 40배 가까이 점유율이 증가한 것이기 때문에 더욱 괄목할 만하다. 또한 유튜브는 성공적인 광고 수익모델을 운영함으로써 모기업인 구글의 광고 수익에 기여하는 바가 크다고 평가된다. 실제로 유튜브의 2013년 추정 국내 광고 매출은 약 3천억 원에 달한다.

유튜브의 동영상 광고는 동영상 콘텐츠 시작 전에 삽입되어 이용자가 일정 시간 동안 광고를 시청한 후 이후 광고 시청 여부를 선택할 수 있도록 한다. 즉 이용자가 원하면 나머지 광고를 계속해서 시청하고 원하지 않으면 건너뜀(skip) 버튼을 클릭하여 광고를 더 이상 보지 않고 바로 요청한 동영상 콘텐츠를 시청할 수 있다. 또한 이용자가 광고의 제품이나 서비스에 관심이 있으면 광고를 클릭하여 바로 제품 혹은 서비스 사이트로 이동할 수 있다. 온라인 동영상 광고는 노출 시점에 따라서 앞에서 설명한 바와 같이 영상 시작 시 보여 주는 프리롤(pre-roll)과 함께 영상 중간에 삽입되는 미드롤(mid-roll), 영상이 종료된 후 노출되는 포스트롤(post-roll) 혹은 앤드롤(end-roll) 광고로 구분된다. 하지만 강제 노출의 장점이 있는 반면 영상에 대한 몰입을 크게 방해하지 않는 프리롤 광고가 가장 보편적으로 활용되고 있다. 온라인 동영상 광고는 단순한 디스플레이 광고에 비해 스토리텔링이 용이하고 TV 광고에 비해 시간적 제약을 받지 않기 때문에 상대적으로 높은 광고 주목도와 몰입을 유발할 수 있다.

2) 검색형 광고

오늘날 우리의 중요한 정보원 중 하나는 인터넷이며, 인터넷 사용의 가장 중요한 목적 중 하나가 바로 검색이다. 구글과 네이버가 각각 세계

시장과 국내시장에서 독보적인 우위를 차지하는 기업으로 성장할 수 있었던 이유도 막강한 검색서비스의 제공이라고 할 수 있다. 2013년 한국인터넷백서에 따르면 2012년 12월을 기준으로 국내 검색시장에서 네이버가 73.0%의 점유율로 선두를 차지하였으며, 다음, 구글, 네이트가 각각 20.9%, 2.9%, 1.7%의 점유율을 보였다.

검색서비스 이용 시 제공되는 검색결과는 흔히 자연검색결과(*natural/organic search results/listings*)와 유료검색결과(*sponsored/paid search results/listings*)로 구분된다. 자연검색결과는 검색엔진의 알고리즘에 의해 제공되는 관련 정보를 의미하는 반면 유료검색결과는 광고주가 미리 비딩(*bidding*)을 통해 원하는 검색어에 광고문구나 링크를 등록하여 보여 주는 검색 광고를 말한다. 즉 검색 광고란 구글, 네이버, 다음, 네이트 등 검색서비스를 제공하는 포털 사이트나 검색엔진에서 이용자가 원하는 키워드를 입력하고 검색을 요청하면 해당 키워드나 검색어에 사전에 등록되어 있던 광고문구와 링크를 보여 주고 링크를 클릭하면 제품 혹은 서비스 웹사이트로 연결해 주는 방식의 광고를 말한다.

물론 마케터들은 검색엔진 최적화(SEO: Search Engine Optimization)를 통해서 자연검색결과에서 자신들의 사이트 정보가 상단에 자주 노출되도록 하여 이용자들의 방문을 제고하려고 하지만, 보다 직접적이고 효과적인 마케팅 수단으로서 검색 광고의 활용은 검색서비스의 인기와 함께 지속되어 왔다. 검색 광고의 가장 큰 장점은 소비자의 관심과 필요를 반영한다는 것이다. 검색서비스는 소비자의 명확한 의도를 내포하기 때문에 소비자가 무엇을 원하는지를 정확히 파악할 수 있도록 한다. 검색 광고는 소비자의 검색어를 인지하여 그와 관련된 상품, 서비스 광고를 바로 노출하여 소비자의 주목을 끌 수 있고, 구매 등 행동으로 유도하기가 유리하다. 실제로 온라인 광고시장에서 검색 광고의 매출은 큰 비중을 차지한다. 한국온라인광고협회의 '2013 온라인 광고시장 규모' 조사에 의하면 2013년 검색 광고는 모바일 광고를 포함한 국내 온라인 광고시장 규모 2조 4,602억 원 중 52%를 차지했다.

3) 모바일 광고

스마트폰 보급률과 무선 인터넷 이용이 급등하면서 모바일 광고의 중요성이 증대되고 있다. 2013년 한국인터넷백서에 의하면 2013년 6월 국내 스마트폰 가입자는 3,500만 명을 넘어섰으며 한국인터넷진흥원의 '2013년 인터넷 이용 실태조사'에 따르면 인터넷 이용자의 91%가 스마트폰 등의 모바일 기기를 통해 '장소 구분 없이' 인터넷을 이용하였다. 또한 2013년 모바일 인터넷 이용률은 2012년 대비 약 33%의 높은 증가율을 보였으며, 스마트폰 이용자의 약 65%는 LTE 서비스를 이용하는 등 인터넷의 패러다임은 유선에서 무선으로 급변하고 있다고 해도 과언이 아니다.

스마트폰과 무선 인터넷 이용이 활성화되기 이전 일명 피처폰 시대에는 단순한 SMS(Short Message Service) 광고가 주를 이루었다. 하지만 앞서 살펴본 기존 인터넷 광고처럼 다양한 리치미디어 기반의 모바일 광고가 등장하고 있다. 모바일 광고시장에서도 기존 인터넷 광고시장과 유사하게 검색 광고와 디스플레이 광고가 주류를 이룬다고 할 수 있다. 한국인터넷진흥원의 '2012년 모바일 광고 산업통계 및 이용자 행태 조사'에 의하면 2,159억 원 규모의 모바일 광고시장에서 검색 광고와 디스플레이 광고 매출이 각각 58%와 42%를 차지하는 것으로 나타났다.

하지만 다양한 애플리케이션(앱)의 개발, 스마트폰과 무선 인터넷 이용 확산과 함께 브랜드 앱 광고, 앱 다운로드 혹은 광고 시청 시 포인트를 지급하는 보상형 광고, 게임 앱에서 캐릭터를 활용한 광고, 3D 기술을 활용한 배너 광고 등 다양한 형태의 진화한 모바일 광고가 등장하고 있다. 작은 크기의 화면은 약점으로 작용하기도 하지만 역설적으로 광고에 대한 주목도를 높일 수 있다. 스마트폰은 진정한 개인 미디어이기 때문에 개인적인 공간을 침범하는 모바일 광고에 대한 소비자의 저항감에 대한 우려도 있지만 광고업계는 모바일 광고에 주목하고 있다. 기존 미디어를 통한 광고의 소비자와의 접촉률은 급감하는 반면 항시 휴대하는 개인 미디어를 기반으로 하는 모바일 광고는 높은 접촉률을 달성할 수 있기 때문이다. 또한 소비자의 위치나 행태 등의 정보를 활용한 맞춤형 광고가 가능하다는 큰 장점이 있다.

2012년 전체 광고시장의 약 2%를 차지한 모바일 광고는 2013년에는 4,786억 원을 기록하며 약 152%의 성장률을 보였으며, 2014년에도 8,329억 원으로 약 74%의 성장률을 보였다. 온라인광고협의회는 비록 성장률은 둔화하지만 모바일 광고의 성장은 지속될 것이며 2015년에는 약 27% 성장할 것으로 전망했다. 이를 위해서는 대형 포털사를 중심으로 디스플레이 광고와 검색 광고가 주를 이루는 기존 인터넷 광고시장과 달리 앱을 활용한 모바일 광고의 활성화가 중요하며, 모바일 앱 광고를 개발하고 솔루션을 제공하는 개발사와 플랫폼사의 역할 또한 중요

그림 4-1 온라인 광고 유형별 점유율

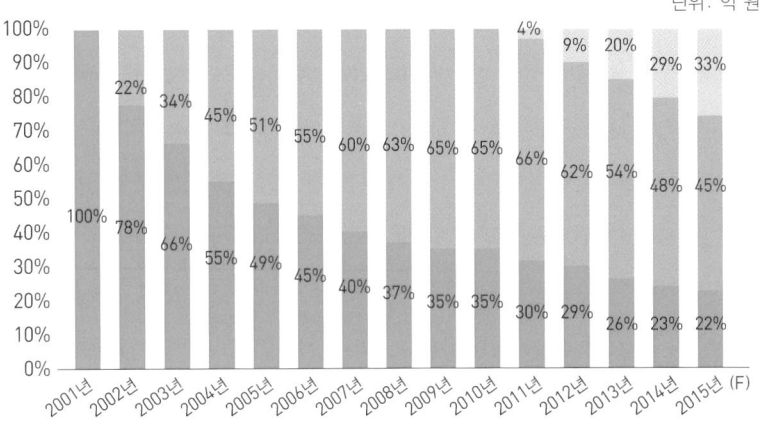

그림 4-1 온라인 광고 유형별 점유율

자료: 한국온라인광고협회(http://onlinead.or.kr)

할 것이다.

이상에서 살펴본 인터넷 혹은 온라인 광고의 유형 — 노출형, 검색형, 모바일 광고 — 각각이 국내 온라인 광고시장에서 차지하는 비중은 그림 4-1에서 보듯이 시간이 흐름에 따라 변화하고 있으며, 특히 모바일 광고의 성장이 두드러진다.

지금까지 논의한 온라인 광고의 유형과 성격은 광고가 기반으로 하는 기기와 외형적 특성을 바탕으로 구분된다. 하지만 기술의 개발과 함께 광고의 전략 또한 발달하며 인터넷의 특성을 효과적으로 이용하는 새로운 형태의 온라인 광고로 진화하고 있다. 그 중 가장 많이 활용되는 맞춤형 광고에 대해 알아보고자 한다.

3. 맞춤형 광고

개인화 혹은 맞춤형 광고(*personalized advertising, customized advertising*)는 소비자 개개인에 대한 정보를 이용하여 각 소비자에 맞춰서 제작, 전달되는 광고를 의미한다. 소비자의 이름, 인구통계학적 속성, 위치, 라이프스타일, 관심사, 과거 구매기록 등의 개인정보를 바탕으로 소비자 개개인에게 맞춤형 메시지를 전달하는 것이다. 타깃팅(*targeting*)은 마케팅과 광고의 핵심 개념이며, 소비자를 파악하고 정확하게 전달하는 일은 무엇보다도 중요하다. 따라서 맞춤형 광고라는 개념은 인터넷 이전 시대에도 존재했고 전화, 우편 등을 통해서도 행해졌다. 하지만 맞춤형 광고의 정확성과 효율성은 인터넷을 기반으로 급속하게 향상되었고 그 개념과 전략에 대한 관심도 증대되었다.

연구를 통해 인터넷 광고의 효과에 많은 영향을 주는 요인들 중 하나로 밝혀진 것이 광고가 배치되는 맥락(*context*)과 광고제품 혹은 내용의 부합성(*congruence*)이며, 이는 맞춤형 광고와 관련 있다고 할 수 있다. 전략적으로 인터넷 광고를 어떤 웹사이트에 게재할 것인가를 결정할 때는 사이트의 트래픽 등 노출을 향상시키기 위한 지표도 중요하지만 사이트의 내용을 파악해야 한다. 왜냐하면 소비자가 그 사이트를 방문한다는 것은 제공되는 내용이나 서비스에 관심이 있다는 증거이며, 그 사이트에서 노출되는 광고가 사이트의 주제 혹은 내용과 조화를 이룰 때 소비자의 관심사와도 부합할 것이기 때문이다.

광고 맥락과 광고의 부합성의 효과에 대한 연구결과는 모두 일관적이지는 않다. 소비자의 브랜드 스키마의 역할에 따라 광고에 대한 다른 반응을 얻을 수 있다. 브랜드 스키마는 특정 브랜드에 대해 소비자가 기억하는 지식, 이미지, 의미, 감정, 태도 등의 총합이다. 광고를 통해 새롭게 유입되는 정보는 브랜드 스키마와 일치할 때 쉽게 기존의 스키마에 통합될 수 있기 때문에 저항감이 적고 긍정적인 반응을 얻는다. 반면 스키마와 불일치하는 정보는 처리 시 더 많은 인지적 노력이 필요하기 때문에 브랜드 회상 면에서는 더 효과적일 수 있지만 브랜드 태도나 구매의향 면에서는 덜 효과적이라고 할 수 있다.

1) 검색 광고 : 제1세대 맞춤형 광고

단순한 주제적 연관성 혹은 일관성(*thematic congruence*)을 넘어서서 소비자의 관심사와 필요를 정확하게 파악하여 맞춤형 광고를 제시하는 것이 검색 광고이고, 이를 '제1세대 맞춤형 광고'라고 할 수 있다. 검색서비스를 이용하는 소비자는 입력한 검색어를 통해 자발적으로 자신의 관심과 필요를 명확하게 나타내고 그와 관련한 정보를 요구하고 기대하기 때문에, 검색 광고는 상대적으로 활용하기 쉬운 1차적 형태의 맞춤형 광고로 여겨진다. 웹사이트의 내용 등 간접적으로 노출 맥락을 파악하고 부합하는 광고를 제시하는 방법에 비해 소비자의 확실한 요구를 기반으로 하는 보다 직접적인 형태의 맞춤형 광고라고 할 수 있다.

인터넷 광고의 효과에 영향을 주는 또 다른 요인은 인터넷 이용 목적이다. 정보 추구 등의 목적을 가지고 인터넷을 이용하고 사이트를 방문했는데 관련 없는 내용의 광고에 노출된다면 소비자는 그 광고가 방해가 된다고 인식할 수 있다. 마찬가지로 웹사이트 내용과 광고의 관련성이 부족한 경우 소비자가 광고로 인해 방해받는다는 느낌을 강하게 받을 수 있다. 실제 인터넷 이용자들을 정보 추구자와 단순 서퍼(surfer)로 구분하여 조사하였을 때, 정보를 추구하는 이용자들의 경우 맥락과의 부합성이 낮은 광고를 보았을 때 방해성을 높게 지각했으며 비우호적인 반응을 나타냈다(Zanjani, Diamond, & Chan, 2011). 검색 광고의 경우 소비자가 정보 습득이라는 분명한 목적을 가지고 있을 때 관련된 메시지를 제공하는 맞춤형 광고이기 때문에 일반 광고에 비해 효과가 높다. 검색 광고보다 진보된 형태의 맞춤형 광고로서 최근 많은 주목을 받고 있는 '제 2세대 맞춤형 광고'가 리타깃팅 광고이다.

2) 리타깃팅 광고 : 제 2세대 맞춤형 광고

개인 맞춤형 광고의 진화된 형태라고 할 수 있는 리타깃팅 광고(retargeted advertising)는 리마케팅 광고(remarketing advertising)라고도 불린다. 리타깃팅 광고 서비스는 소비자의 개인정보와 인터넷 브라우징 내력을 바탕으로 제휴된 웹사이트를 방문할 경우 과거에 방문했던 웹사이트의 상품 또는 디스플레이 광고를 노출한다. 예를 들어 소비자가 온라인 쇼핑몰 A에서 카메라 제품들을 클릭하고 살펴보았다면 그 소비자가 이후에 제휴된 다른 사이트에 접속했을 때 해당 제품들의 광고를 보여 주고 클릭하면 원래의 사이트로 돌아갈 수 있도록 한다. 그림 4-2에서 이러한 리타깃팅 광고의 원리와 과정을 보여 준다.

2006년 프랑스 퍼포먼스 광고 서비스업체 크리테오가 세계 최초로 리타깃팅 광고를 서비스한 이후 리타깃팅 광고가 전 세계적인 대세 광

그림 4-2 리타깃팅 광고 과정

1. 자사 웹사이트 방문

2. 이후 다른 제휴 웹사이트 방문

인터넷 이용자

4. 광고를 클릭하면 원래 방문했던 자사 웹사이트로 이동

3. 소비자에게 리타깃팅 광고 노출

자료: http://retargetingnews.com

고 플랫폼으로 떠올라 국내에도 많은 리타깃팅 광고상품이 출시됐지만 구글의 GDN(Google Display Network)이 가장 대표적으로서, 광범위한 웹사이트와의 제휴를 통해서 효과적인 리타깃팅 광고를 제공한다고 알려져 있다. 국내 기업인 다음 또한 DDN(Daum Display Network)을 통해 리타깃팅 서비스를 제공하고 있다. DDN은 웹 브라우징 내력뿐만 아니라 검색, 쇼핑 서비스 등을 통해 소비자의 필요와 취향을 보다 폭넓고 정확하게 파악하고 이에 맞춘 리타깃팅 광고 서비스를 제공한다는 장점을 가지고 있다. 그림 4-3에서 다음의 리타깃팅 서비스인 DDN의 원리를 보다 자세히 알 수 있다.

리타깃팅 광고는 소비자의 웹 브라우징 내력을 주요 기반으로 맞춤형 광고를 제공한다는 점에서 이전의 맞춤형 광고와 다르다고 할 수 있

그림 4-3 DDN 리타깃팅 광고 서비스 원리

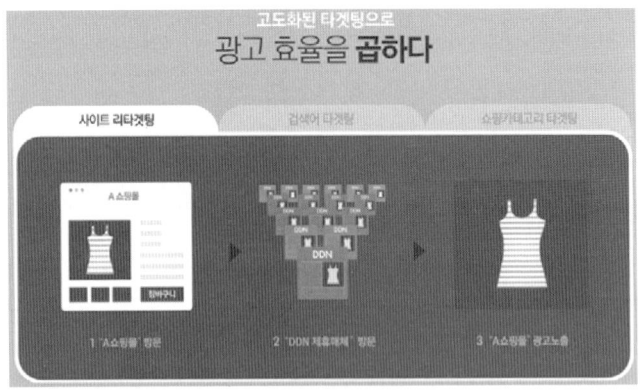

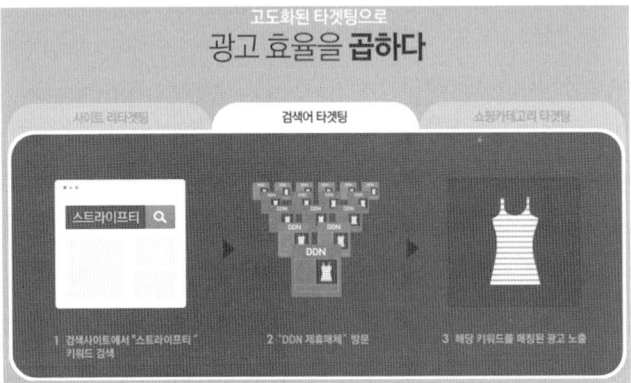

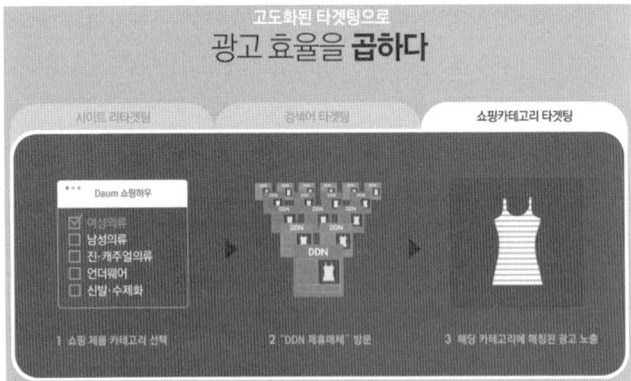

자료 : http://daum.net

다. 명확하게 정보를 요청하는 소비자에게 제공되는 검색 광고와 달리 리타깃팅 광고는 소비자가 직접 요청하지 않았는데도 데이터를 통해 소비자의 관심과 필요를 파악하고 반영하여 맞춤형 메시지를 제공하는 것이다. 또한 인터넷의 정보 홍수와 외부의 방해로 인해 소비자가 집중하지 못하고 다른 웹사이트나 활동으로 이동하는 경우가 빈번하기 때문에 관심을 가지고 방문했던 사이트 재방문을 유도하는 상기 효과(*reminder effect*)도 기대할 수 있다.

리타깃팅 광고에 대한 연구는 아직까지 미비하다. 하지만 람브레히트와 터커(Lambrecht & Tucker, 2013)의 연구가 흥미로운 점을 시사한다. 그들의 연구에 의하면 소비자 취향의 구체화 여부가 리타깃팅 광고의 효과를 결정짓는 데 중요한 역할을 한다. 즉 소비자가 구체화되지 않은 일반적이고 광범위한 목적을 가지고 있을 때는 포괄적인 리타깃팅 광고(*generic retargeted advertising*)가 더 효과적이지만, 구체적인 목적을 가진 소비자에게는 역동적인 리타깃팅 광고(*dynamic retargeted advertising*)가 더 효과적이다. 예를 들어 해외여행에 관심을 갖고 브라우징을 했던 소비자에게는 해외여행에 관한 전반적인 광고가 효과적이지만, 특정 해외여행 목적지를 정한 소비자들에게는 그 목적지에 관한 구체적인 광고가 효과적일 것이다. 마찬가지로 디지털 카메라를 구매하려고 하지만 특정 브랜드나 모델에 대한 구체적인 선호도가 없는 소비자에게는 제품군과 관련한 일반적인 리타깃팅 광고가 효과적이지만 특정 브랜드나 모델에 대해 고민하고 비교하는 소비자에게는 구체적 혹은 역동적인 리타깃팅 광고가 더욱 효과적일 것이다.

하지만 중요한 점은 소비자의 관심 혹은 선호의 변화 추이를 잘 관찰해야 한다는 것이다. 일반적인 웹 브라우징 패턴을 보면 처음에는 일반적인 정보를 검색하고 관련 사이트를 방문하지만 일정 시간이 지난 후에는 원하는 정보가 구체화되며 추구하는 정보의 범위는 좁혀지지만 정보의 정확성과 구체성은 증가한다. 따라서 브라우징의 단계에 따라서 효과적인 광고의 내용이 다를 수 있기 때문에 브라우징 내력을 유기적이고 체계적으로 파악하여 노출 시 적합한 맞춤형 광고의 내용을 결정해야 한다. 스마트 미디어의 확산과 함께 스마트 광고가 주목받고 있다. 스마트 광고의 가장 중요한 속성 중 하나가 개인화 맞춤형이며, 차세대 맞춤형 광고로서의 스마트 광고에 대해 논의하고자 한다.

3) 스마트 광고: 제3세대 맞춤형 광고

스마트 미디어와 함께 스마트 광고라는 용어가 점차 자주 언급되고 있지만 그 정의를 명확하게 내리기는 쉽지 않다. 미래창조과학부는 스마트 광고를 "스마트 TV, 스마트폰, 태블릿 PC, 인터넷, IPTV(VOD), 디지털 사이니지 등 IP를 기반으로 하는 스마트 미디어를 통해 제공되는 양방향, 맞춤형 특성을 가진 새로운 패러다임의 광고"라고 정의했다. 인터넷 광고의 두드러진 특성이 양방향성이며 인터넷을 기반으로 한 스마트 광고는 맞춤형의 특성이 강화되었다고 볼 수 있다. 또한 미래부에서는 7가지 스마트 광고의 구체적인 유형을 제시했고, 그 중 첫번째가 맞춤형 광고이며 이를 "이용자의 성향이나 취향에 맞는 광고를 선별하여 개인별로 노출하거나 제공하는 광고"로 정의했다.

물론 스마트 광고는 다양한 미디어를 함께 활용하여 보다 복합적이고 융합적인 형태로 발현될 수 있다. 온라인 광고 발전의 관점에서 볼 때 스마트폰과 모바일 인터넷의 확산으로 인해 다양한 형태의 온라인 광고가 등장했듯이 스마트 광고로 대표되는 제3세대 맞춤형 광고는 양 방향성과 연결성, 이동성, 지능성 등 미디어 특성을 활용하여 소비자 참여와 체험을 유도하는 형태의 온라인 광고로 발전할 수 있을 것이다.

'스마트'라는 개념은 지능(intelligence)을 의미하며, 스마트 광고는 소비자가 자신이 필요로 하는 것을 요구하기 전에 스스로 알아서 관련 광고를 노출하는 진정한 맞춤형 광고라고 할 수 있다. 또한 소비자의 개인정보와 관심을 파악하고 반영하는 데 초점을 맞추는 제1세대, 제 2세대 맞춤형 광고와 달리 모바일 인터넷을 기반으로 하는 스마트 광고 는 다각적인 면에서 맞춤형을 동시에 수행할 수 있다. 즉 소비자의 아 이덴티티(identity) 뿐만 아니라 지역적, 시간적 매칭을 바탕으로 3가지 면에서 모두 부합하는 맞춤형 광고를 제공할 때 그 효과를 극대화할 수 있을 것이다. 기술적인 발달은 이미 이러한 차세대 맞춤형 광고를 어느 정도 가능케 하지만(예를 들어 위치 기반 광고) 맞춤형 광고에 대한 소비 자의 거부감이 스마트 광고 발전의 걸림돌이 되고 있다.

그림 4-4에서 보듯이 특정 광고 유형별로 다르기는 하지만 과반수의 이용자들이 온라인 광고에 불편함을 느낀다고 답했다. 전통적인 미디 어와 달리 선택과 통제가 증대된 인터넷 환경에서는 광고의 불편함에 대한 소비자의 반응은 더 부정적일 수 있다. 또한 개인화된 미디어를 통해 노출되는 광고에 대한 반감도 상대적으로 크다. 예를 들어 이메일 광고는 표적으로 선정한 소비자에게 저렴한 비용으로 광고를 전달할 수 있는 장점이 있지만 개인정보 유출과 스팸 메일 등의 문제로 인해 소비

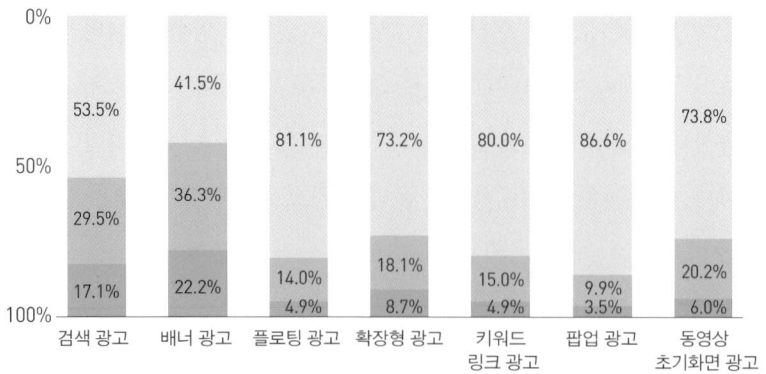

그림 4-4 온라인 광고 유형별 불편도

자료: 정보통신정책연구원, '2013년 인터넷 이용자 실태조사'.

자들의 부정적인 인식이 팽배하며, 결국 이메일 광고시장은 위축되었다(White, Zarhay, Thorbjørnsen, & Shavitt, 2008).

최근 연구에 따르면 리타깃팅 광고 등 맞춤형 광고의 개인화 정도가 증가할수록 광고를 접하는 소비자의 태도는 긍정적이지만 동시에 사생활 침해에 대한 우려도 커져 부정적인 반응을 동시에 보인다(Kim, Pang & Choi, 2014). 동 연구에서 소비자들은 맞춤형 광고의 가치를 판단하고 그에 따라 광고에 대한 태도를 가지고 결국 광고 회피 정도를 결정한다고 밝혀졌다. 광고의 가치는 광고의 상대적인 유용성과 중요도에 대한 소비자의 주관적인 평가를 의미하고, 광고의 전반적인 가치는 정보성(informativeness), 성가심(irritation), 오락성(entertainment)으로 구성된다(Ducoffe, 1995). 광고의 정보성과 오락성은 광고 효과에 긍정적인 영향을 주는 반면 성가심은 부정적인 영향을 끼친다. 맞춤형 광고의 개인화는 광고의 정보성 인식을 증가시킨다. 즉 개인화 맞춤형 광고는 유용한 정보를 제공한다고 인지되며 광고 회피는 감소한다. 하지만 개인화가 증대하면 사생활 침해의 우려가 증대하고 따라서 광고 회피가 두드러진다. 한편 맞춤형 광고와 노출 맥락의 부합성은 인터넷 사용 목적 방해성과 광고의 성가심 인식을 감소시켜 광고 회피를 둔화한다.

요약하자면, 맞춤형 광고는 개인화를 통해서 소비자 개개인의 관심을 반영하기 때문에 유용한 정보를 제공하여 가치가 높다고 여겨진다. 반면 지나친 개인화는 사생활 침해와 개인정보 유출에 대한 불안을 가중하여 광고의 가치 폄하와 회피를 발생시킨다. 또한 광고 노출 시 맥락과 관련이 적은 광고는 미디어 이용 목적에 비추어 방해 받고 있다는 느낌을 증대하고 광고 회피를 유발한다. 즉 맞춤형 광고의 효과는 적정한 수준의 메시지 개인화를 통해서 사생활 침해에 대한 우려는 줄이고 광고의 유용성 인식은 제고할 때 극대화할 수 있을 것이다. 또한 어떤 맥락에서 광고가 노출되는지도 중요하므로, 소비자의 브라우징에 방해되지 않는 관련성 높은 맞춤형 광고를 제공해야 할 것이다.

4. 닫는 말

인터넷의 등장과 함께 새로운 광고시장이 성장해 왔다. 나스 미디어에 따르면 2013년 온라인 광고는 국내 총 광고비 중 약 25%를 차지하였다. 온라인 광고는 계속 성장하지만 검색 광고와 디스플레이 광고의 성장은 상대적으로 둔화된 반면 모바일 광고의 비중은 급증하는 등 급변

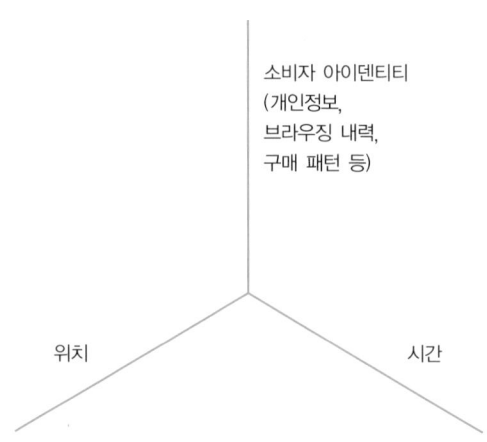

그림 4-5 맞춤형 광고 체계

소비자 아이덴티티
(개인정보,
브라우징 내력,
구매 패턴 등)

위치 시간

하는 미디어 환경과 소비행태 변화를 반영한다. 기술 발달과 함께 효율성을 제고할 수 있는 다양한 형태의 온라인 광고가 등장했다. 그 중 맞춤형 광고 또한 꾸준히 진화해 왔으며 스마트폰, 모바일 인터넷, 빅데이터 등의 확산과 함께 제3세대 맞춤형 광고인 스마트 광고의 가능성이 주목받고 있다.

가상현실(AR: Augmented Reality), 근거리 무선통신(NFC: Near Field Communication), 지역 기반 서비스(LBS: Location-Based Service) 등의 기술을 활용하여 맞춤형 광고를 제공함으로써 스마트 모바일 광고의 성장이 기대된다. 그림 4-5에서 제시하듯이 차세대 맞춤형 스마트 광고는 최소한 소비자의 개인정보, 위치, 시간이라는 3가지 차원을 동시에 고려하여 종합적인 맞춤형 광고 시스템을 갖추어 나가야 할 것이다.

하지만 스마트 맞춤형 광고의 장밋빛 전망을 제시하기에는 극복해야 할 문제점들이 많다. 첫째, 최신 미디어 소비행태를 반영하는 브라우징 데이터 분석과 타깃팅 기법의 개발이 필요하다. 예를 들어 대부분의 리타깃팅 광고 플랫폼은 익스플로러, 사파리, 크롬 등 각각의 브라우저를 개별 소비자로 인식하지만, 실제 소비자는 여러 개의 브라우저를 동시에 사용하기도 한다. 모바일 미디어 환경에서는 더 심각한 문제로 웹 브라우저와 다양한 애플리케이션 이용 정보가 호환되지 않고 분리되어 분석된다. 하지만 최근 국내에서 최초로 웹 브라우저와 애플리케이션 간 호환이 가능한 타깃팅 기법이 개발되는 등, 동일 소비자를 실제로 하나의 개인으로 인식하고 통합적이고 종합적인 데이터 수집과 분석을 가능하게 하는 크로스 타깃팅과 맞춤형 광고 기법 개발을 위한 노력이 지속되어야 할 것이다.

둘째, 광고 표준화와 합리적인 효과 측정, 과금 체계가 마련되어야 한다. 새로운 형태의 광고가 등장할 때마다 제기되는 문제이지만 미디어 환경의 변화와 광고 발달 주기가 급속도로 빨라지기 때문에 신속하게 시스템을 마련하지 못하면 혼동을 야기하고 광고시장의 성장을 저해할 수 있을 것이다. 특히 방송, 신문, 인터넷, 모바일 등 다른 미디어를 동시에 활용하는 크로스 미디어 광고 캠페인이 증가하고 미디어 간 경계선이 모호해지고 있어 광고효과를 통합하여 측정할 수 있는 평가지표를 마련하는 것 또한 중요하다.

셋째, 광고 전문인력 양성과 국내 기업의 광고시장 위상 제고를 위한 재정적, 정책적 지원이 시급하다. 정부가 스마트 광고 산업을 창조경제의 핵심 산업 중 하나로 지정해 후원하고 있지만 최근 몇 년 동안 국내 온라인 광고시장에서 국내 기업은 정체되고 글로벌 기업의 약진이 두드러졌다. 예를 들어, 유튜브는 국내 온라인 동영상 시장의 약 80%를 점유하며 광고 물량의 집중을 통해 매출을 증대하고 있다. 검색시장에서는 아직 국내 기업들이 우위를 차지하고 있지만 모바일 검색시장 점유율은 상대적으로 낮은 편이며, 급변하는 미디어 환경에서 규제에 자유로운 글로벌 기업과의 경쟁은 큰 부담으로 작용한다. 맞춤형 광고도 많은 규제의 제약을 받고 있기 때문에 해외·국내 기업 간 형평성을 기반으로 한 스마트 광고 산업 발달을 위한 규제환경 개선이 필요하다.

마지막으로 새로운 광고 형태에 대한 소비자의 불안을 해소하고 권익을 보호하기 위한 광고업계의 윤리적 기준과 자정 노력을 확립해야 한다. 앞에서 논의했듯이 맞춤형 광고의 가장 큰 문제는 소비자의 사생활 침해에 대한 우려이다. 최근 국내에서 발생한 대규모 개인정보 유출 사태 이후 소비자의 개인정보를 이용한 맞춤형 광고에 대한 거부감은 더욱 증대되었다고 볼 수 있다. 개인정보 수집과 활용, 사생활 보호에 대한 합리적이고 효율적인 규제가 바탕이 되어야 하지만, 맞춤형 광고 플랫폼과 제작자는 광고의 가치를 높이기 위한 노력을 해야 한다. 적정 수준의 개인화와 효과적인 노출, 창의적이고 관련성 깊은 콘텐츠를 통해 광고의 정보성과 오락성은 높이고 방해성은 감소시킨다면 사생활에 대한 우려에도 불구하고 소비자는 광고를 외면하지 않을 것이다.

요즘 가장 화두가 되는 개념 중 하나가 사물인터넷(IoT: Internet of Things)이다. 인간과 사물 간 소통을 넘어서 사물 간 대화를 통해 우리 삶의 효율성과 편리성을 극대화할 것이라는 전망이다. 물론 사물인터넷 시대의 광고는 또 다른 형태로 진화할 것이다. 새로운 기술의 원리와 활용을 정확히 이해하지 못하는 대부분은 기대와 함께 불안을 가진다. 하지만 차세대 맞춤형 광고인 스마트 광고는 의식하지 못한 행동까지도 분석하여 스스로도 인지하지 못한 소비자의 성향을 파악하고 수많은 정보를 걸러서 필요한 제품과 서비스에 관한 메시지를 소비자가 필요로 하는 시간과 상황에 제공한다는 거부할 수 없는 장점이 있다. 하지만 오늘날의 능동적인 소비자를 고려할 때 공감, 참여, 공유를 유도하지 못하는 광고는 진정한 스마트 광고라고 할 수 없을 것이다. 이렇듯 정해진 공식 없이 답을 찾아내야 하는 광고는 어렵지만 매력적이며, 광고의 미래 또한 많은 도전으로 채워지리라는 기대를 해본다.

05 나만을 위한 맞춤광고, 그 편리함 이면에는?

안정민 한림대 국제학부

인터넷을 사용하다 보면 무수한 온라인 광고를 접하게 된다. 이용자가 보고 있는 웹페이지에는 이미지 광고도 있고, 반짝거리는 배너 광고도 있고, 지루하게 텍스트로만 이루어진 광고도 있을 것이다. 처음에는 무심코 넘겼던 이러한 광고들이 어느 날부터인가는 눈에 띈다. 내가 좋아하는 자동차 광고도 나오고, 내가 좋아하는 음식이나 그동안 관심을 가지고 봤던 여행상품들도 자주 나온다. 마치 컴퓨터가 내 마음을 읽고 있는 것처럼 ….

---

* 이 글은 〈사이버커뮤니케이션학보〉 제 30권 44호에 게재된 논문을 바탕으로 작성되었습니다.

1. 맞춤형 광고란

온라인 맞춤형 광고(*online behavioral advertising*)란 이용자의 온라인 검색기록과 브라우징 정보 등을 통해 개인에 대한 정보를 일정 기간 수집하고, 이를 기반으로 개인만을 위한 광고를 노출하는 광고기법을 말한다. 이것은 개인의 검색행태, 방문 웹페이지, 이용자가 본 콘텐츠 내용 등 개개인의 온라인 소비행태를 추적하여 분석한 결과를 통해 적시 적소에 개인화한 광고를 제공하게 해준다. 광고업계에서는 맞춤형 광고에 관심영역 기반 광고(*interest-based advertising*)라는 용어를 사용하여 일정 기간 수집한 정보를 통해 이용자가 실질적으로 자신의 관심사에 상당히 근접한 광고를 받게 된다는 긍정적인 면을 부각시키기도 한다. 어쨌든 맞춤형 광고란 시간을 두고 개인의 행동을 관찰한 정보를 기반으로 하는 광고로, 반복적인 사이트 방문, 상호작용, 검색한 키워드 등 이용자의 온라인상 행태를 통해 특정 이용자만의 프로파일을 만들고, 그 관심도에 따른 광고를 제공하는 것을 특징으로 한다.

맞춤형 광고의 복잡하고 다양한 특성상 여기에 얽혀 있는 이해관계자도 다양할 수밖에 없다. 여기에는 이용자 외에도 자신의 상품이나 서비스를 잠재적 소비자에게 홍보하고 싶어 하는 광고주(*advertisers*), 자신의 웹사이트에 일정 광고공간을 마련하고 방문자에게 광고를 보도록 함으로써 광고수입을 얻고자 하는 웹사이트 소유자(*publishers*), 광고주와 웹사이트 소유자를 연결해 주는 광고 네트워크 제공자(*advertising networks providers*, *ad network providers*)가 있다.

광고주나 웹페이지 소유자는 우리가 통상 알고 있는 개념이므로 여기서는 간략하게 광고 네트워크 제공자만 설명해 보기로 한다. 일반적으로 웹사이트 소유자는 광고를 실을 수 있는 공간을 만들어 놓고 광고 네트워크 제공자와 광고계약을 체결한다. 웹 소유자는 광고를 실을 수 있는 공간을 가지고는 있지만 일일이 광고주를 물색하기 어렵기 때문이다. 우리가 방문하는 웹페이지를 보면 하나의 웹페이지에 복수의 광고 공간이 있는데, 그 모든 공간에 대해 하나의 광고주와만 계약할 수도 있고 다수의 광고주와 계약할 수도 있는 등 계약 방식은 다양하며, 이러한 광고주와 웹 소유자 사이를 전문적으로 연계해 주는 것이 광고 네트워크 제공자의 역할이다.

보통 이러한 광고공간에 어떤 광고를 삽입할 것인지도 광고 네트워크 제공자가 정하게 되며, 웹사이트 소유자가 그 광고공간에 특정 상품이 노출되게 해달라는 식으로 지정하지는 않는다. 따라서 광고 네트워크 제공자들은 책임지고 해당 웹페이지 방문자에게 최대의 마케팅 효과가 있는 광고를 보여 주기 위해 다양한 기술을 사용한다. 광고 네트워크의 규모가 크면 클수록 다양한 상품군의 광고를 가지고 있으며 이용자의 인터넷 이용행태를 추적하는 다양한 기술도 보유하고 있다. 일반적으로 광고주 역시 하나 혹은 그 이상의 광고 네트워크와 계약을 맺어 자신의 상품을 온라인으로 광고한다.

2. 맞춤형 광고의 종류

맞춤형 광고는 사용자의 행동습성(*behavioral*)을 관찰하는 행태 맞춤형 광고 외에도 관심대상별 접근(*interest group targeting*), 지역 타깃팅(*geo-targeting*), 사용자 프로필별 타깃팅(*demographic targeting*) 등 다양한 접근방법을 가지고 진화하고 있다.

관심대상별 접근은 대상 이용자가 관심을 가지고 자주 방문하거나 보는 콘텐츠를 중심으로 이용자를 분류한다. 내가 웹상의 여행 사이트를 자주 방문한다면 내 온라인 행태를 추적하는 광고 네트워크는 내가 여행을 좋아하는 사람이라고 판단하고 여행과 관련된 광고를 많이 보여 준다. 또한 스포츠 관련 기사를 많이 읽거나 한두 번이라도 스포츠 관람 경기표를 예매하는 광고를 클릭했다면 다른 광고보다는 스포츠 관련 광고를 더 많이 보여 주는 것 같이 이용자의 관심사별로 광고를 보여 주는 방식이다.

지역 타깃팅은 거주지역이나 이용자가 원하는 지역 중심의 광고를 보내는 접근법이다. 이용자가 온라인으로 접속하면 인터넷 서비스 제공자(ISP: Internet service provider)는 이용자의 컴퓨터에 고유한 IP 주소(Internet Protocol address)를 부여한다. IP 주소는 이용자에 대한 다른 정보는 보여 주지 않지만 어떤 ISP를 사용하고 있는지와 접속하고 있는 지역이 어디인지를 보여 준다. 이것을 보고 광고 네트워크는 이용자에게 제시하는 검색결과도 해당 지역을 중심으로 보여줄 수 있게 되며, 이러한 기법은 검색 광고에서 이미 널리 활용되고 있다.

사용자 프로필별 타깃팅은 데모그래픽 타깃팅, 인구통계 타깃팅이라고도 한다. 무료메일이나 서비스를 제공하면서 이용자가 등록한 정보를 가지고 이용자에게 맞을 만한 광고를 보여 주는 방식으로 널리 사용된다. 장기간 해당 서비스를 이용하면서 더 자세한 나이, 지역, 소득수준 등의 정보가 수집되면 이용자 개인에게 맞는 콘텐츠를 제공할 수 있게 된다. 예를 들어 쿠키 추적을 통해 특정 이용자가 서울에 거주하며 주부 커뮤니티, 11번가 쇼핑몰, 육아 사이트, 구인 사이트 등을 방문한 정보가 있다면 그 이용자는 유아를 둔 30대 초반의 기혼여성으로 가사도우미를 찾는 사람이라고 추정하는 방식으로 사용된다.

3. 맞춤형 광고는 어떻게 작동하는가?

우리의 눈에 화려하게 보이는 웹페이지상의 광고는 실제로는 콘텐츠가 없는 텅 빈 공간이다. 그리고 우리는 모든 이용자에게 각각 다른 광고가 보일 수 있다는 사실조차 모르는 경우가 많다. 대체로 웹페이지상의 광고 부분은 빈 공간이며 그때그때 시간과 장소에 따라 다른 광고가 노출되는 경우가 많다. 왜냐하면 제주도에 사는 사람이 웹 서핑을 할 때 서울에만 있는 상점에 대한 광고를 보여 준다면 광고효과가 떨어지기 때문이다. 따라서 각각 서울과 제주에 사는 사람이 같은 시간에 같은 웹페이지를 본다고 하여도 서로 다른 광고를 볼 확률이 훨씬 높다.

그렇다면 맞춤형 광고는 어떻게 작동하는가? A라는 광고 네트워크사를 예로 들어보자. 내가 등산용품을 파는 사이트에 방문하면 해당 사이트에 설치된 쿠키(쿠키에 대한 설명은 이후에 하기로 한다)를 통해 내 컴퓨터의 인터넷 브라우저와 등산용품 사이트 간의 정보교환이 시작된다. 이때 내가 현재 방문하고 있는 등산용품 사이트에서 서비스를 이용하기 위해 필요한 쿠키(*first party cookies*)와 이 웹사이트와 광고계약을 맺고 있는 A 광고 네트워크의 쿠키(*third party cookies*)가 모두 작동하게 된다.

등산용품 사이트에서 보내는 쿠키는 내 컴퓨터 화면에 콘텐츠를 띄우기 위해서 내가 사용하는 브라우저 타입(익스플로러, 크롬, 사파리, 파이어폭스 등)이 무엇인지, 운영체계가 무엇인지, 내 브라우저의 언어, 그리고 컴퓨터의 인터넷 주소 등 나를 특정할 수 있는 정보들을 수집해서 보낸다. 그러면 등산용품 사이트 서버에서는 내 브라우저를 통해 해당 홈페이지를 보여 주는 HTTP(Hypertext Transfer Protocol)와 웹 콘텐츠를 구성하는 HTML(Hypertext Markup Language) 소스코드를 보내어 내가 그 홈페이지의 내용을 볼 수 있도록 하는 원리이다.

그러나 내 컴퓨터에 보내진 HTTP 속에는 눈에는 보이지 않지만 등산용품 웹페이지에 광고를 보내 주는 A 광고 네트워크 사이트와 내 컴퓨터를 연결하는 링크도 포함되어 있다. 내 브라우저는 자동적으로 A사에 내 브라우저 타입, 운영체계, 언어, 등산용품 사이트와 같이 내 컴퓨터와 A사를 연결해 준 웹페이지의 주소, 그리고 만약 다른 사이트 방문을 통해 내 컴퓨터에 저장되어 있는 기존의 A사 쿠키가 있다면 그 식별번호와 정보를 보낸다. 내 컴퓨터에 아직 A사의 쿠키가 없다면 A사는 이번 방문을 통해 내 하드드라이브에 새로운 ID 번호를 부여한다. 이런 방식으로 내가 다니는 모든 사이트를 통해 수집된 정보에 기초하여 A사는 내가 지금 보고 있는 등산용품 사이트의 빈 광고공간에 내가 관심이 있을 만한 상품을 맞춰 광고를 보여 주는 것이다.

따라서 만일 내가 평소에 즐겨 찾는 여행 사이트, 캠핑용품 쇼핑몰, 검색엔진이 모두 A사와 광고계약을 맺고 있다면 내가 언젠가 검색해 보았던 '계곡이 있는 가족캠핑장'의 검색기록과 정보를 모두 종합하여 나는 가족이 있고 등산과 캠핑을 좋아하는 사람으로 분류된다. 그리고 내가 이후에 A 광고 네트워크 사가 광고를 제공하는 어느 사이트를 방문한다면 그 광고란에는 아마도 A사가 광고계약을 맺고 있는 오토캠프장이나 등산잡지와 같은 상품들이 보일 것이다. 이와 같이 내가 브라우징한 정보가 내 프로파일로 계속 축적되면서 내 성별이나 연령대, 취미, 사는 지역 등을 파악할 수 있게 되며, 나만을 위한 맞춤형 광고는 더 정교하고 효과적이게 되는 것이다.

4. 맞춤형 광고, 그 편리함 이면에는?

해외에서는 이미 빅데이터 시대의 소비자에게 다가가기 위한 가장 빠르고 효과적인 수단으로 맞춤형 광고가 널리 이용되는 상황이다. 나만을 위한 광고라니, 훌륭하지 않은가? 내가 필요로 하는 광고만을 보여 준다는 것은 불필요한 스팸광고를 안 볼 수 있는 좋은 기술이 아닌가? 그러나 맞춤형 광고는 일회적인 이용자 행태를 파악하는 것이 아니라 실제로는 오랜 기간 눈에 보이지 않는 여러 이해관계자의 정보수집과 상호작용의 결과로 생성된다. 게다가 대부분의 정보수집은 이용자가 알지 못하는 상태에서 행해진다는 데서 문제가 발생한다.

내가 방문하는 모든 웹사이트 기록과 입력한 검색어가 어디선가 저장되어 웹상에서 '나'의 아이덴티티가 생성되고 있다고 생각해 본 적이 있는가? 이와 같이 상당한 기간 동안 나도 모르게 나의 온라인 이용행태를 관찰한다는 점에서 맞춤형 광고에는 개인정보 침해 위험성이 존재한다. 즉, 나도 모르는 사이에 어디에선가 축적된 정보로 내 옆에 있는 가족보다도 내 선호도를 더 잘 추측할 수 있는 무엇인가가 존재한다는 것이다.

이러한 정보수집과 분석을 담당하는 것이 앞에서 설명한 광고 네트워크의 역할이다. 광고 네트워크는 오랜 기간 이용자가 어떤 사이트에서 무엇을 보는지 쿠키를 통해 정보를 수집하고, 이에 따라 이용자의 관심사가 무엇인지를 추정하여 맞춤 광고를 보여 준다. 구글이 소유한 세계적인 광고 네트워크인 더블클릭(Doubleclick)의 경우에는 이용자 고유인식번호, 그 이용자가 보고 있는 웹페이지에 어떤 광고를 보냈는지, 이미 본 광고의 고유번호도 수집하여 누가 어떤 광고를 몇 번 보았는지까지 알 수 있다고 한다.

그림 5-1은 더블클릭이 수집한 이용자 정보 결과의 예이다. 비록 더블클릭이 성별이나 집주소와 같은 개인적인 정보를 수집하는 것은 아니지만 지속적으로 인터넷 이용행태를 관찰하다 보면 그림에서 볼 수 있듯이 관심분야가 무엇인지, 여성인지 남성인지, 사는 동네가 어디인지와 같이 상당히 구체적인 개인정보를 추측할 수 있게 되고, 이를 기반으로 이 이용자가 온라인에서 보는 광고가 정해지는 것이다.

그림 5-1 정보수집을 통한 이용자 프로파일링의 예

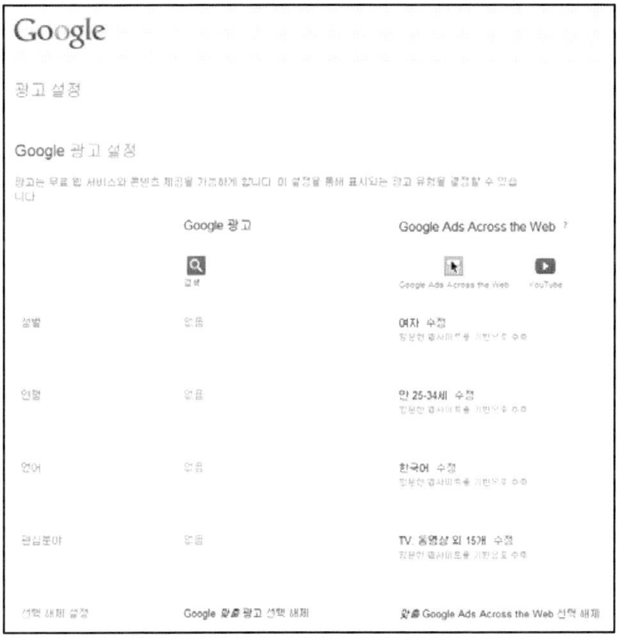

자료: 저자의 구글 계정 캡처 화면

5. 맞춤형 광고에 사용되는 쿠키란?

맞춤형 광고에 필요한 개인정보 수집을 위해서는 일반적으로 쿠키가 사용된다. 이용자의 인터넷 이용환경을 편리하게 구현하는 역할을 하는 쿠키(*cookies*)는 매번 똑같은 사이트를 이용하거나 검색을 하기 위해 필요한 이용자 아이디와 비밀번호를 기억하고 있다가 로그인 절차 없이 바로 사용할 수 있게 해주며, 온라인 쇼핑몰의 경우에는 장바구니에 담겨 있는 상품을 다음 접속 시까지 기억하고 보관해 주는 기능도 가진다.

또한 특정 사이트 화면을 나한테 맞는 정보로만 구성하는 나만의 화면 설정도 가능하게 한다. 음악이나 동영상 재생 시의 볼륨설정을 기억해 놓거나, 해당 사이트를 접속하면 바로 내가 사는 지역의 날씨, 내가 원하는 뉴스 및 내 관심사 등 설정해 놓은 대로 화면을 구성해 주는 등, 하나하나 검색해 가는 수고를 덜어 주기도 한다.

내 컴퓨터의 설정뿐만 아니라 광고에서도 쿠키는 반복적인 광고보다 다양한 광고를 통한 새로운 정보제공으로 이용자의 인터넷 이용환경을 개선하여 이용자 개인에게 맞는 최적의 서비스를 제공하며, 광고주에게는 소비자의 패턴이나 행태 분석을 통하여 여기에 맞춘 상품이나 서비스 개발을 가능하게 한다. 또한 비효율적인 광고에 대한 비용을 줄임으로써 집중적인 투자를 가능하게 하는 역할을 담당할 수도 있다.

그러나 이용자와 해당 사이트를 연결해 주는 쿠키는 특정 이용자의 사용환경을 인식하는 기능을 기반으로 한다는 점에서 개인정보 침해의 문제를 가진다. 특히 제 3자 쿠키(*third party cookie*)와 같이 내가 방문한 사이트가 아닌 제 3자(광고 네트워크)도 이용자 컴퓨터에 쿠키를 보낼 수 있는데, 이 경우 이용자가 해당 사이트에서 언제 어떤 광고를 봤는지, 어떤 광고를 클릭하여 자세히 보았는지까지 기록된다. 이러한 이용자 정보는 광고 네트워크의 서버에 저장되어 차후 내가 웹상에서 보게 될 광고를 결정하는 기초정보가 된다. 이러한 쿠키의 개인정보 인식 기능은 장기적으로는 인터넷상의 익명성을 위협하고 신용정보 등 개인정보 유출로 이어져 필수적인 온라인 거래 등의 활성화에 부정적 영향을 미칠 수도 있다.

6. 쿠키 이외의 정보수집 기술

일반적으로 맞춤형 광고를 위해서는 쿠키라는 정보수집 수단이 주로 사용되나, 점점 쿠키 외 다른 기술의 사용도 증가하고 있다.

1) 로컬 공유 객체

일반적인 HTTP 쿠키는 이용자가 쿠키를 삭제하거나 애드웨어나 스파이웨어 제거 프로그램을 구동하면 제거된다. 컴퓨터에서 쿠키가 제거되면 서버는 새로운 이용자로 인식하고 새롭게 정보를 수집하고 이전까지의 정보는 없어진다. HTTP 쿠키의 개인정보 침해에 대한 인식이 높아지고 이용자가 이를 삭제하는 방법에 익숙해지자 쿠키보다 삭제가 어렵고 더 많은 정보수집을 가능하게 하는 일명 슈퍼쿠키의 개발이 요구되었고, 플래시 쿠키 혹은 로컬 공유 객체(LSO: Local Shared Objects)가 개발되었다.

LSO는 웹사이트의 서버가 아닌 이용자의 컴퓨터에 소량의 정보를 저장한다. 로그인 정보, 검색 기록 등 사이트를 방문할 때마다 재입력해야 하는 정보를 저장해 두었다가 동일 사이트에 접속할 경우에 입력 없이 자동적으로 해당 정보에 접근할 수 있게 해주는 편이성을 가진다. LSO 역시 볼륨이나 폰트 등 사용자가 설정한 환경을 기억하는 편리한 기능을 가진다. 그러나 일반 쿠키가 디폴트로 각 세션의 종료와 함께 자동 종료하는 반면 LSO는 활동의 종료일자가 정해져있지 않아 해당 사이트를 종료한 후에도 무한정 정보수집을 할 수 있도록 설계되어 더

치명적인 정보수집의 문제를 갖는다.

또한 LSO는 흔히 알려진 일반 쿠키와는 다른 저장공간에 저장되기 때문에 이용자가 찾아 제거하기도 어렵다. 어도비 플래시 세팅 파일(Adobe Flash settings files)의 경우 고유의 디렉터리에 고유의 도메인 이름으로 저장되어 브라우저에서 생성되는 검색기록과 같은 파일을 만든다. 플래시 기록(*flash history*)은 일반적인 브라우저 방문기록의 삭제로 지워지지 않기 때문에 이용자가 검색기록을 삭제하여 모든 방문기록을 제거했다고 생각해도 사실은 지워지지 않고 여전히 남아 있게 된다. 마이크로소프트의 실버라이트 체제(Silverlight framework)나 HTML5 데이터베이스(*databases*)도 LSO의 일종이며, 이들은 HTTP 쿠키와는 달리 브라우저에 의해 좌우되지 않기 때문에 일반 쿠키삭제, 기록삭제, 캐시삭제뿐만 아니라 각종 브라우저의 사생활 보호 모드(*private browsing mode*) 등으로는 그 기능을 차단할 수 없다.

이처럼 LSO는 이용자가 개인정보 보호 등을 위해 의도적으로 삭제한 쿠키를 복원할 수 있으며 이용자가 설정해 놓은 쿠키의 삭제나 관리 차단막을 우회할 수 있는 수단으로 사용되기도 한다는 것이 큰 문제점으로 지적되고 있다. 게다가 4KB에 불과한 일반 쿠키의 정보저장량에 비해 100KB까지의 정보를 저장하고 삭제된 쿠키를 복원하는 LSO의 속성은 정보수집 도구로서 일반 쿠키보다 더 많은 개인정보 침해 문제를 가져오고 있으며, 개인정보 통제기능을 상실한 이용자 사이에서 적지 않은 법적 분쟁을 일으키고 있다.

2) HTML5 로컬 스토리지

새로운 웹 언어인 HTML5는 또 다른 슈퍼쿠키의 일종인 HTML5 로컬 스토리지(*local storage*)를 만들어 냈다. 일반 쿠키는 사용자의 브라우저를 닫으면 디폴트로 종료하며 이를 우회하기 위해서는 복잡한 프로그램을 적용해야만 했지만, HTML5 데이터는 웹사이트나 사용자가 확실히 삭제하지 않는 한 유지되며 저장공간도 5MB나 된다(일반 쿠키의 저장용량은 4KB이고 플래시 쿠키는 100KB임). HTML5 로컬 스토리지는 플래시와 같은 플러그인(*plug-ins*)을 설치하지 않아도 되기 때문에 앞으로 정보수집에 더 많이 사용될 것으로 예상되며 이에 따른 개인정보 침해 문제 역시 커질 것으로 예상된다.

3) 핑거프린팅 기법

이용자들의 개인정보 보호에 대한 인식이 높아지고 민감해지면서 이용자의 환경설정 등의 편의성을 제공하는 필수적인 쿠키만을 사용하고 정보를 수집하는 쿠키는 제한하는 방법이 모색되고 있다. 그러나 인터넷 이용에 지장을 받지 않고 필요한 쿠키만을 사용하는 지식과 기술은 오직 극소수의 전문가만 알고 있으며 이들 중에도 소수의 전문가만이 모든 종류의 슈퍼쿠키에 대해 알고 그 기능을 제어할 수 있는 실정이다. 이러한 전문가조차도 피할 수 없는 정보수집 방법이 바로 핑거프린팅(*fingerprinting*) 기법이다.

　쿠키나 플래시쿠키 등의 정보수집 기술이 이용자의 컴퓨터에 인식할 수 있는 고유정보를 심어 이용자를 인식하는 데 반하여, 핑거프린팅은 이용자 컴퓨터의 특색을 조합하여 특정 이용자를 인식하는 기술이다. 즉, 아무런 정보를 내보내지 않아도 특정 이용자가 사용하는 브라우저의 종류와 버전, 폰트의 종류 및 설정되어 있는 크기, OS 시스템, 언어 설정, 설치된 플러그인 등의 특색을 조합하여 해당 이용자가 누구인지를 특정하는 방식이다.

이러한 모든 작용은 서버상에서 일어나는 것이 일반적이기 때문에 쿠키와 같이 감지하거나 인식할 수 있는 방법이 전혀 없으며, 핑거프린팅이 사용되는 경우 개인정보 보호를 위해 익명으로 웹 브라우징을 한다는 것은 거의 불가능해진다. 자바스크립트나 어도비 플래시와 같은 웹사이트상의 중요 기능을 해지한다면 추적을 피할 수는 있지만 그런 경우 정상적인 인터넷 사용이 어렵게 되기 때문에 인터넷 이용 자체가 불가능해지는 것이다. 이용자가 의도적으로 추적을 피하기 위해 환경설정을 변경하거나 소프트웨어를 업데이트할 수는 있지만 여전히 이용자 컴퓨터상의 여러 요소의 조합으로 이용자 식별이 가능하기 때문에 핑거프린팅은 반영구적인 추적기능을 가진다고 할 수 있다. 이러한 핑거프린팅 기법은 맞춤형 광고의 사용에 있어 아직까지 보편적으로 사용되고 있지는 않으나 점차 확산되는 추세라고 한다.

4) ETag, 에버쿠키, DPI 등

ETag 혹은 entity tag는 월드와이드웹 프로토콜인 HTTP의 한 부분으로, 이용자가 이전에 해당 웹페이지를 방문한 적이 있는지를 기억해 두었다가 재방문하는 경우 새롭게 서버로부터 정보를 불러들이는 것이 아니라 이전에 저장된 정보를 보여 줌으로써 이용환경의 속도를 개선하는 기능을 한다. ETag는 해당 페이지의 콘텐츠가 이전 저장 내용과 동일하다면 서버로부터 다시 정보를 불러들이지 않아도 되기 때문에 빠르고 효과적인 캐시 사용을 가능하게 한다. 이러한 ETag는 사용자의 이용 행태를 추적하는 데도 사용되는데, HTTP 쿠키가 지속적으로 삭제나 차단을 당하는 반면 ETag를 차단하면 이용환경이 느려져 사용자가 불편을 느끼게 되기 때문에 효과적인 정보수집 수단으로 활용된다.

에버쿠키(Evercookie)는 플래시 스토리지, 일반 쿠키와 ETag 등 다양한 기술을 사용하는 추적도구로, 사용자가 쿠키나 다른 고유정보 인식수단을 제거하면 다른 기술이 쿠키를 재설정하도록 만들어 놓았다. 하나의 쿠키가 삭제되면 또 다른 것이 생성되므로 영구적으로 없애기 어렵다.

DPI(Deep packet inspection)는 예전에는 국가안보 관련 등 중요한 사안에 사용된 것으로, 인터넷상의 콘텐츠 내용을 분석하는 것을 말한다. 무료메일 서비스를 제공하면서 메일 내용을 모니터링하여 이용자의 관심사나 선호도를 조사하여 이용자에게 맞는 광고를 보내 주는 데 사용된다. DPI는 사이버 보안이나 네트워크 관리를 위해 사용될 수 있다는 장점도 있지만 상시 이용자의 사생활을 침해한다는 큰 문제가 있다.

결론적으로 이러한 정보수집 수단의 가장 큰 문제는 그 정보수집 행위가 이용자들이 전혀 모르는 상태에서 이루어진다는 것이다. 로그인 하지 않고 익명으로 인터넷을 사용하고 있다고 생각하는 이용자라도 사실 모든 행적이 누군가에 의해 기록·모니터링·수집하여 프로파일링

되고 있다는 것이다. 더구나 보안 전문가가 아닌 일반 이용자의 경우 이러한 쿠키의 속성을 알아도 적극적으로 쿠키 설치를 막을 방법이 없으며, 하드디스크에 저장된 쿠키를 통해 유출된 정보가 무엇인지 알 수 있는 방법도 없다. 설사 추후에 하드디스크에서 쿠키를 삭제한다고 하더라도 전송된 정보는 삭제되지 않기 때문에 이미 정보는 유출되어 버린 상태라는 것이다.

일반적으로 정상적인 웹사이트상의 쿠키는 정보주체인 이용자를 인식할 수 있는 이름이나 인적사항(이른바 식별정보) 등을 수집하지 않기 때문에 개인정보 침해 소지는 적다고 할 수 있다. 그러나 일정 기간이 아닌 무기한으로, 방문한 모든 사이트를 대상으로 그 기록을 분석하고 활용한다면 시간이 지날수록 축적된 정보들의 조합과 이용행태를 통해서 이용자에 대해 비교적 자세한 프로파일링이 가능하기 때문에 개인정보 침해 문제를 피할 수 없게 된다.

7. 맞춤형 광고는 좋다? 나쁘다?

일반적으로 인터넷 광고는 상품이나 서비스를 판매해야 하는 광고주에게는 좋은 홍보수단이고, 소비자에게는 정보를 획득할 수 있게 해주는 순기능을 갖는다. 특히 온라인 광고는 많은 인터넷 기업이 이윤을 창출하고, 그 이윤을 바탕으로 이용자가 무료로 이용할 수 있는 양질의 콘텐츠와 서비스를 제공하는 선순환구조를 만든다. 이러한 순환구조 속에서 맞춤형 광고는 소비자나 이용자가 가치 있게 생각하는 개인화한 광고를 보내 줌으로써 광고의 효율성을 높일 뿐만 아니라 어떤 필요나 도움도 안 되는 무작위 스팸광고를 줄여 줄 수도 있다.

사실 맞춤형 광고 이전까지 광고는 이용자의 관심사와는 아무런 관련을 갖지 못한 채 무작위로 이용자들에게 발송되었다. 반면에 맞춤형 광고는 이용자에게는 관심을 가질 만한 광고를 보여 주고, 광고주는 자신의 상품을 딱 맞는 대상고객에게 어필할 수 있는 기회를 가지고, 해당 콘텐츠 제공자는 광고비로 이용자에게 무료 콘텐츠를 제공할 수 있게 해주었다. 특히 쿠키를 이용한 맞춤형 광고는 특정 이용자에게 이미 보여 준 광고를 기억하고 있다가 똑같은 광고를 반복해서 보여 주는 대신 다른 새로운 광고를 보여 주기 때문에 이용자로서는 더 많은 상품에 대한 정보를 얻게 되어 좋고, 웹사이트로서는 어느 이용자가 몇 번이나 자신의 사이트에 방문했으며 어떤 페이지에서 무엇을 관심 있게 보았는지를 알 수 있게 되어 인터넷 이용환경 개선을 위한 유용한 정보를 받을 수도 있다.

이와 같은 유용성에 중점을 두고 맞춤형 광고를 위해 수집되는 개인정보는 사실상 '개인정보'로 볼 수 없기 때문에 개인정보 침해 문제는 없다는 반론도 제기되어 있다. 맞춤형 광고를 지지하는 입장은 비록 광고를 위해 수집된 데이터가 특정 이용자인 A의 컴퓨터로부터 쿠키에 의해 기계적으로 수집되었으나 하나의 컴퓨터를 여러 사람이 사용할 수도 있으므로 누구의 것인지도 알 수 없을뿐더러 쿠키가 이름이나 주소 등을 수집하지는 않는다는 점에 근거한다. 이러한 입장에 의하면 익명으로 수집된 정보는 어디서 어떻게 왔는지, 누구의 정보인지를 광고주에게 알려 주어 해당 광고를 A에게 집중적으로 보낼 수 있을 정도의 개인 식별능력을 가지는 정보라고는 할 수 없다는 것이다.

엄밀하게 말한다면 이용자에게 보이는 광고는 '개인'별로 맞춰서 보내지는 것이 아니라 비슷한 유형의 정보 축적을 분석해 동일 패턴을 찾아내는 확률과 같을 수도 있다. 예를 들어 '육아 사이트를 많이 방문하는 20대의 여자는 아기용품을 필요로 할 것이다'라는 가정하에 해당 군에 속하는 이용자가 접속했을 때 기저귀 광고를 보여 주는 것이지 이용자 개인만의 고유한 정보로 특정 광고를 보여 주지는 않는다는 것이다.

아마도 맞춤형 광고의 가장 큰 문제는 광고를 위해 수집되는 정보에 대해 정작 정보주체인 개인이 그 수집 여부조차 알지 못하는 경우가 많다는 점이다. 설령 특정 웹사이트에서 정보수집에 대한 고지를 하고 그에 대한 이용자 동의를 받았다고 하더라도 정보수집자가 고지된 목적과는 다른 용도로 사용해도 이용자는 알 수 있는 방법이 없다는 문제가 있다. 비록 개인식별정보나 민감정보가 아니라 하더라도 장기간에 거쳐 수집된 정보는 특정 이용자에 대해 상당히 구체적인 프로파일링을 가능하게 하는데, 이렇게 수집된 정보가 목적과 다른 용도로 사용되거나 악용되는 경우 정보주체는 막대한 손해를 입을 수 있다.

또 다른 문제는 정보를 수집하는 자는 수집된 개인정보로 무엇을 할 수 있다는 용도와 그 정보가 가지는 가치를 알지만 정작 정보주체는 이를 알지 못한다는 점이다. 축적된 정보의 처리, 사용 용도도 모를 뿐만 아니라 내 정보수집에 누가 ― 광고주와 웹사이트 소유자 외에도 광고 네트워크, 데이터마이닝 서비스, 데이터 분석가, 마케팅 담당자 등 ― 어떻게 관여하는지조차 알 수 없다는 '정보 불균형'의 문제가 맞춤형 광고에 내재되어 있는 것이다.

8. 해결방법은 법적 규제?

인터넷의 눈부신 발전을 통해 축적된 정보의 양이 기하급수적으로 증가하고 분석된 데이터의 질 역시 초기와 비교할 수 없이 높아지고 있다. 정보처리 기술의 비약적인 발전 이전에는 개인정보는 식별이 불가능한 상태로 익명화(*de-identification*)되어 사용되었으며, 이에 따른 개인정보 침해의 위험은 크지 않았다. 그러나 익명성을 보장했던 인터넷은 기술 발전과 함께 접속정보 등에 대한 추적이 가능해졌고, 익명 처리된 정보 역시 다른 정보와의 결합으로 특정 개인을 식별하는 것이 가능해지고 있다. 이제는 인터넷 사용으로 인한 혜택만이 아니라 그로 인한 개인정보 침해 위험성을 고려하여 그 사용에 따른 혜택을 비교형량해야 하는 시기에 이르렀다.

'개인정보 보호' 하면 법으로 규제하는 것이 가장 손쉬운 방법이라는 생각이 들 수도 있다. 그러나 이러한 개인정보 침해의 위험을 국가가 모두 규제하는 것은 사실상 불가능한 일이며, 인터넷 및 정보통신 기술의 지속적인 혁신과 발전을 위해서도 법의 개입은 최후의 수단이 되어야 한다. 그렇다고 개인정보 침해의 위협을 바라만 보고 있어야 한다는 것은 아니다. 다만 법으로는 정보처리수집자에 비해 이용자가 가지는 미약한 지위를 일정 부분 보완해 줌으로써 균형을 유지하는 정도만이 필요하다고 생각한다.

우리가 인터넷상에서 대부분의 서비스를 이용하기 위해서는 정보제공에 대한 동의가 필수적인 경우가 많다. 이렇게 콘텐츠를 이용하기 위해서 이용자에게 무조건적인 정보 제공을 강요하거나 이용자에게 제대로 고지하지 않아 알지도 못하는 정보 제공에 묵시적으로 동의를 제공한 것으로 간주하는 등의 관행을 법으로 제한함으로써 이용자의 선택권을 강화하고 보장하는 형식의 규제는 어느 쪽의 이익도 저하지 않으면서 맞춤형 광고가 가져오는 폐해를 예방할 수 있다.

개인정보 보호에 대해 강한 입장을 유지하는 유럽연합의 개인정보 보호지침(Data Protection Directive, Council Directive 95/46/EC)은 정보수집자나 정보처리자로 하여금 맞춤형 광고를 위한 이용자 동의를 사전에 분명히 받도록 법으로 규제하고 있다. 개인정보 보호지침은 온라인뿐만 아니라 오프라인상에서의 정보 수집과 이용에 관해 규정하고 있으며, 유럽연합 내에 설립되어 있는 기업 — 물리적으로 회사가 존재하지 않더라도 정보처리를 위한 장비를 유럽연합 내에서 사용하는 기업까지 포함한다 — 중에서 개인식별이 가능한 개인정보(*personal data*)를 취급하는 개인정보처리자에게 적용되는 법이다.

또한 유럽연합의 경우에는 개인정보의 취급 여부를 떠나 당사자 쿠키(*first party cookies*)와 같은 정보추적 기술을 사용하기 위해서는 이용자의 동의를 받도록 하고 있다. 쿠키 사용에 대한 명시적인 동의가 없더라도 개인정보 보호지침에 따라 맞춤형 광고에 대한 분명한 동의가 필수적이므로 유럽연합에서는 법으로 이용자의 동의를 받도록 규제하고 있다고 말할 수 있다.

한 가지 언급하고 싶은 점은 미국의 경우에는 유럽과 같은 개인정보 보호지침이 마련되어 있지 않다는 것이다. 구글이나 페이스북과 같이 전 세계인의 정보를 취급하는 회사가 자리 잡은 미국이 별도의 법적 규제를 가지고 있지 않으므로 이러한 기업을 중심으로 맞춤형 광고가 급

성장하고 있는 것은 이상한 일이 아닐 것이다. 이러한 기업친화적인 규제환경이 미국의 IT 기업 성장에 큰 영향을 미치고 있는 반면 미국 인터넷 이용자들은 유럽 국가에 비하여 비교적 낮은 수준의 개인정보 보호만을 받고 있다는 점은 맞춤형 광고의 득과 실을 따질 때 고려해 볼 만한 사실이다.

9. 규제보다는 이용자의 선택권을 보장하는 방향으로

맞춤형 광고에 대해서는 최소한의 규제만을 가져가는 것이 옳다면 그 외에 이용자를 보호하기 위한 수단으로는 무엇이 있을까? 유럽연합의 사례에서 보았듯이 결국 중요한 것은 무조건 민감한 개인정보가 될 수 있는 정보의 수집을 금지하는 것이 아니라 이용자에게 자기 정보에 대한 통제권을 확보해 주는 것이다. 이용자에게 정보수집에 대한 동의를 받은 경우에는 그 정보를 활용할 수 있는 길을 열어 주는 것과 같이 정보 활용을 권장하면서도 이용자의 이익을 해하지 않는 방법의 모색이 필요하다.

이용자의 입장에서 어떠한 정보를 언제 어떻게 수집하는지, 수집된 정보가 어떻게 사용되는지에 대한 구체적인 안내를 제공하도록 법으로 강제하여 이용자로 하여금 정보제공에 대한 의미 있는 선택을 가능하게 하는 방법도 그 하나일 것이다. 이용자에게 선택권을 보장해 준다면 우려되는 정보주체와 정보수집자 사이의 불균형 문제는 어느 정도 해소될 수도 있다.

또 일반적으로 이용자에게 고지되는 정보사용의 목적은 읽기도 어려운 작을 글씨와 이해도 쉽지 않은 어렵고 추상적인 문구로 장황하게 제시된다. 게다가 동의를 하지 않으면 서비스 사용이 불가능하여 거의 동의가 강제되는 것이 일반적인 관행인데, 이를 개선하도록 하여 정보수집 및 추적 기술을 사용하는 경우 약관의 주요내용 각각에 대하여 이용자의 동의를 받도록 하고 수집된 정보처리 실무를 투명하게 하도록 의무화하는 방법도 법적 규제의 대안으로 생각해 볼 수 있다.

온라인 광고란 콘텐츠 생산자인 인터넷 사업자에게는 광고료라는 주수입원을 제공해 줌으로써 인터넷 콘텐츠나 서비스의 제공을 가능하게 하고, 이용자는 광고를 보는 조건으로 콘텐츠와 서비스를 무료로 이용하는 이른바 '인터넷 생태계'를 구성하는 중요한 기능을 한다. 이러한 관점에서 본다면 맞춤형 광고에 의한 개인정보 침해에 대한 규제는 흑과 백의 논리로 해결할 수 없는 문제이다. 게다가 인터넷상의 '개인정보'에는 광고 네트워크 제공자와 같은 정보수집자가 수집하는 정보뿐만 아니라 이용자가 블로그나 SNS 등을 통해 스스로 제공하는 개인정보도 존재한다. 이 엄청난 정보 속에서 자발적으로 제공한 정보와 비자발적으로 제공한 정보를 가려서 규제하는 것은 불가능한 일이다. 따라서 법의 역할은 이용자가 자신의 정보를 통제할 수 있는 환경을 제공하도록 최소한만 규제하는 것이라 할 것이고, 결국 궁극적인 개인정보 보호는 이용자 각자의 몫으로 남을 수밖에 없는 것이다.

바이럴 마케팅은
어떻게 작동하는가?

김민기 카이스트 경영대학

1. 인터넷 시대, 소비자는 스마트하다?

1990년대 후반 인터넷 시대가 본격적으로 도래하면서 소비자들은 과거에 접근하지 못했던 다양한, 그리고 깊이 있는 정보에 손쉽게 접근할수 있게 되었다. 굳이 학문적으로 깊게 들어가지 않더라도, 오프라인 중심 시대를 거쳐 인터넷 시대를 경험하게 된 세대의 일원으로서, 그리고 호기심 가득한 소비자의 한 사람으로서, 필자는 인터넷이 정보 취득을 용이하게 해준다는 장점은 인정하되, 이와 함께 발생하는 불편한 진실(*inconvenient truth*)에 관해 먼저 묻고 싶다. 이 질문은 왜 바이럴 마케팅이 인터넷 시대에 각광을 받고 있는지와 관련되어 있기도 하다.

관련해 먼저 인터넷 시대에 있어 소비자와 공급자가 거래를 하는 시장에 관해 논해 보자. 초기 인터넷 상거래의 대두와 관련해 미디어 매체 및 경제학자들은 인터넷 소매업자들 간의 경쟁이 가격 차이가 거의 없는 완전경쟁 시장을 닮아 갈 것으로 예상하였다(Kuttner, 1998). 또한 전통적인 오프라인 매장을 방문하는 것에 비해 인터넷은 소비자의 탐색 비용(*search cost*)을 현저히 줄여 주고, 포털 사이트(*portal site*) 등 인터넷 비교 사이트는 소비자 탐색 비용을 더욱 낮출 것으로 예상되었다(Chevalier & Gooslbee, 2003). 즉, 일부 학자들은 인터넷 정보를 통해 상품 및 서비스 공급자들에 관한 가격 정보가 좀더 투명해지고 소비자들의 발품이 줄어듦으로써 소비자들의 후생이 높아질 거라고 낙관적인 전망을 한 셈이다. 하지만 실제 인터넷 소매업자들 사이에서 나타난 가격의 분포 범위는 여전히 넓었고, 가격 또한 오프라인 경쟁업체보다 약간 낮거나, 혹은 실제로 높은 것으로 나타남으로써 소비자 탐색 비용이 낮춰졌다는 기존 견해는 반박되기도 하였다(Bailey, 1998; Carlton & Chevalier, 2001).

더 나아가, 일부 소비자들은 인터넷 시대에 너무 많은 정보가 실시간에 다양한 형태로 쏟아져 나옴으로써 오히려 피곤함을 느끼지 않았을까? 이 같은 이른바 정보 과부화(*information overload*) 현상은 소비자들로 하여금 상품/서비스 구매결정을 미루게 하기도 한다(Iyenger & Lepper, 2000). 실제로 소비자들의 이런 심리를 이용한 상술 역시 다양한 형태로 성행되어 왔는데, 이른바 미끼 상품이 그 대표적인 사례이다. 이와 관련해 엘리슨(Ellison, 2005)은 인터넷 업체들이 품질이 떨어지는 열등 제품을 중심으로 한 가격 광고를 통해 소비자들을 유혹하고, 일단 소비자가 해당 업체 사이트를 방문하면 부가제품(*add-on*) 판매를 통한 가격 불명료화(*obfuscation*) 전략을 취함으로써 고수익을 얻게 됨

을 보인 바 있다. 즉, 검색엔진 등 인터넷 검색 기술(*search technology*)
의 발전이 온라인과 오프라인 업체들 간의 가격 비교를 쉽게 해 가격 탄
력성을 높이더라도, 인터넷 소매업체들의 가격 불명료화에 대한 투자
또한 증가함으로써, 인터넷이 소비자 탐색 비용을 낮춘다는 점 자체가
명확하지 않게 된다는 것이다(Ellison & Ellison, 2009). 최근 네티즌
사이에서 유행하는 해시 태그(*hash tag*)도 인터넷 소매업체들의 소비자
유인을 위한 무분별한 광고 수단으로 악용되고 있는데, 이 역시 인터넷
속도, 검색 기술 발달과 별개로 소비자들을 불편하게 만드는 사례라 할
수 있겠다.

위와 같은 연유로 소비자는 넓게는 기업, 좁게는 소매상들이 제공하
는 정보를 점차 신뢰하지 않게 되었다. 이와 동시에, 다수의 소비자들
은 기업의 마케팅 행위에도 역시 둔감해지고 있다. 포터와 골란(Porter
& Golan, 2006)의 연구에 따르면, 소비자의 65%는 스스로가 너무 많
은 광고 메시지에 둘러싸여 있다고 생각하며, 60%는 광고는 자신과 무
관하다고 여긴다. 소비자들은 특히 전통적인 방식으로 행해지는 마케
팅을 좀더 적극적으로 회피하고 있으며(Hann et al., 2008), 오히려 주
변 지인이나 네트워크를 통해 얻은 의견에 좀더 의존해 구매결정을 내
린다는 실증적인 연구도 있다(Iyenger et al., 2011). 따라서 기업 입장
에서는, 이렇게 급속도로 변하는 인터넷 시대의 소비자 인식, 정보 취
득 경로, 그리고 비용 대비 소비자 마케팅 민감도(*return-on-marketing*)
및 효율성을 종합적으로 고려한 마케팅 전략에 대해 갈구할 수밖에 없
게 된 것이다. 즉, 기업은 주변 지인 및 친구 등 신뢰할 수 있는 정보 소
스를 활용하되, 비용 효율적이고 마케팅 메시지를 여전히 기업이 통제

할 수 있는 마케팅 수단을 강구하게 되었으며, 이런 상황에서 ICT (Information and Communications Technology) 발전과 더불어 각광받게 된 것이 바로 바이럴 마케팅(*viral marketing*) 캠페인이다.

2. 바이럴 마케팅이란?

바이럴 마케팅이란 용어는 1990년대 중반 하버드대학교 제프리 레이포트(Jeffrey Rayport) 박사의 "The virus of marketing"이란 제목의 비즈니스 잡지 기고글에 등장한 이래, 지금까지 언론, 학계, 산업에서 입소문(*word-of-mouth*) 마케팅, 버즈(*buzz*) 마케팅, 스텔스(*stealth*) 마케팅, 소셜 미디어(*social media*) 마케팅 등과 같은 용어로 다양하게 불리며 사용되어 왔다. 심지어 일부 사람들이 바이럴 마케팅을 다단계 피라미드식 네트워크 마케팅으로 왜곡 해석하는 경우도 더러 발생한다. 그렇다면 바이럴 마케팅을 어떻게 정의하고 이해하는 게 좋을까? 카플란과 헤이레인(Kaplan & Haenlein, 2011)은 과거 학계 논의들을 토대로 기업의 상품에 관한 소비자들 간 정보 공유가 소셜 미디어를 타고 입소문 효과로 이어져 폭발적인 기세로 나타나는 것으로 바이럴 마케팅을 정의한다. 다시 말해, 기업이 소비자들 사이의 상호작용에 개입하여 상품 정보의 전파를 촉진하는 기법으로서, 소비자들이 구매결정 과정에서 친구들의 행동이나 의견에 영향을 받는 점에서 착안된 것이다. 바이럴 마케팅의 작동 원리와 방식에 관해 이해하기 위해서는 그림 6-1에 제시되었듯이, 입소문 마케팅 이론의 진화부터 살펴볼 필요가 있다.

과거에는 그림 6-1-가와 같이 마케터에 의해 불특정 다수의 소비자들을 향해 4P[제품(Product), 가격(Price), 판매촉진(Promotion), 유통(Promotion)]로 불리는 마케팅 믹스(mix) 행위가 이루어지면, 특정 소

그림 6-1 입소문 마케팅 이론의 진화

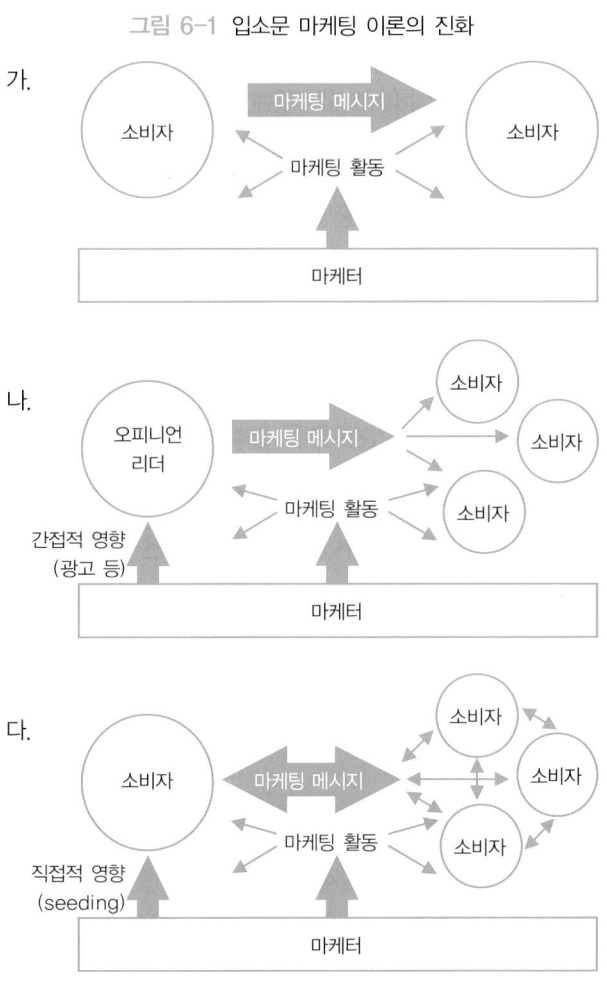

자료: Kozinets et al., 2010.

비자가 주변 지인에게 상품 및 브랜드와 관련된 마케팅 메시지를 전달하는 식으로 입소문이 이루어지는 것으로 학자들은 이해하였다. 이후 한 단계 진화한 입소문 마케팅 이론은 이른바 오피니언 리더(*opinion leader*)라 불리는 영향력 있는 소비자의 역할에 추가적인 의미를 부여하게 된다(그림 6-1-나 참고). 특히 오늘날과 같은 모바일 인터넷 환경하에서는 소비자들 간 의사소통이 별다른 제약 없이 실시간으로 이루어지므로, 그림 6-1-다와 같이 마케터들은 소수의 씨드(*seed*) 그룹 소비자들을 타깃(*target*)으로 해서 소비자들 간의 자발적 입소문을 촉발하는 식의 입소문 마케팅을 시도하게 되었다.

그림 6-1-다에 있는 여러 개의 쌍방향 화살표와 함께, 앞서 언급된 바이러스(*virus*)라는 단어에서 느껴졌겠지만, 바이럴 마케팅의 기저에 깔려 있는 이름과 여러 개념들은 전염병학(*epidemiology*)에서 발견된 전염병의 특성 및 확산 과정과 연결되어 있다(Watts & Peretti, 2007). 확산 과정에 있어 핵심은 2000년대 들어 인터넷과 함께 큰 성장세를 보여온 소셜 미디어라고 할 수 있는데, 소셜 미디어는 우리가 흔히 알고 있는 페이스북(Facebook)이나 트위터(Twitter)에 국한되지 않으며, 유튜브와 같은 콘텐츠 커뮤니티, 위키피디아(Wikepedia)와 같은 집단 지성 프로젝트, 그리고 일반 블로그 등도 포함한다(Kaplan & Haenlein, 2010).

이처럼 폭증하는 소셜 미디어 사용자들을 대상으로 소셜 미디어 플랫폼이 바이럴 마케팅의 수단으로 활용됨에 따라 마케팅 학자들은 바이럴 마케팅을 소셜 미디어 마케팅 혹은 e-입소문(*electronic WOM*) 마케팅 정도로 혼용해 부르고 있다(Kozinets et al., 2010). 여기서 주목할

그림 6-2 미국 인터넷 사용자 중 연령별 SNS 사용률

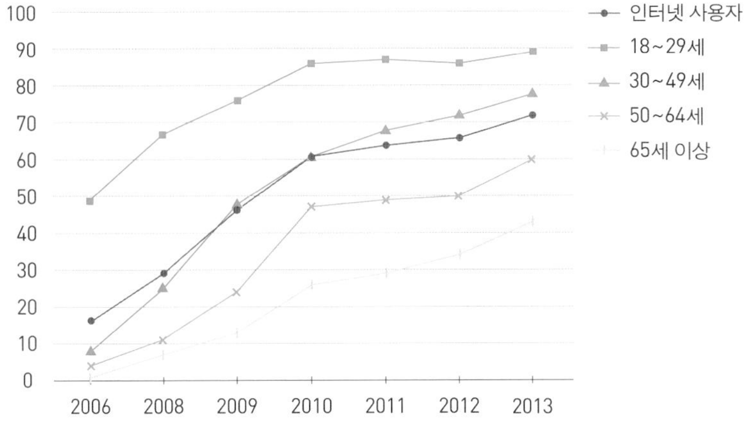

자료: Pew Research Center.

점은, 상품 홍보 자체가 소비자들 간의 자발적인 공유 행위를 통해 이루어지므로 소셜 미디어가 전통 미디어 매체인 TV나 라디오, 신문, 잡지에 비해 압도적인 비용 우위를 가진다는 것이다. 예컨대, 인터넷 시대의 도래와 함께 성장한 이메일 서비스 핫메일(Hotmail)의 경우, 고작 미화 5만 달러 정도(원화 약 5천만 원)의 소규모 예산으로 바이럴 캠페인을 실시해 1년 6개월 동안 총 1,200만 명이란 가입자를 유치함으로써, 초기 바이럴 마케팅의 대표적인 성공 사례로 계속 회자되고 있다(Oliver et al., 2011).

3. 기업의 바이럴 마케팅 사례

보다 구체적으로 바이럴 마케팅이 어떻게 적용되는지 보기 위해 최근 기업 사례들을 살펴보자. 먼저, 손쉽게 그리고 빠르게 전 세계 소비자들에게 어필할 수 있는 소셜 미디어를 스마트하게 활용함으로써 브랜드 인지도(brand awareness) 향상과 매출 증대를 이룬 기업 사례로서, 미국의 믹서기 제조업체 블렌텍(Blendtec)의 "Will It Blend?" 바이럴 마케팅 캠페인을 소개하고자 한다.

블렌텍의 CEO인 톰 딕슨(Tom Dickson)은 자사 실험실에서 아이팟, 아이폰, 골프공, 해골, 운동화 등 기존에 믹서기로 가는 걸 상상할 수 없었던 제품들을 갈아 버리는 실험을 하여 유튜브에 올렸다. 다소 황당한 실험이었지만 기발한 코믹 동영상 시리즈는 자사 믹서기의 우수성을

그림 6-3 Blendtec 사의 "Will It Blend?" 캠페인

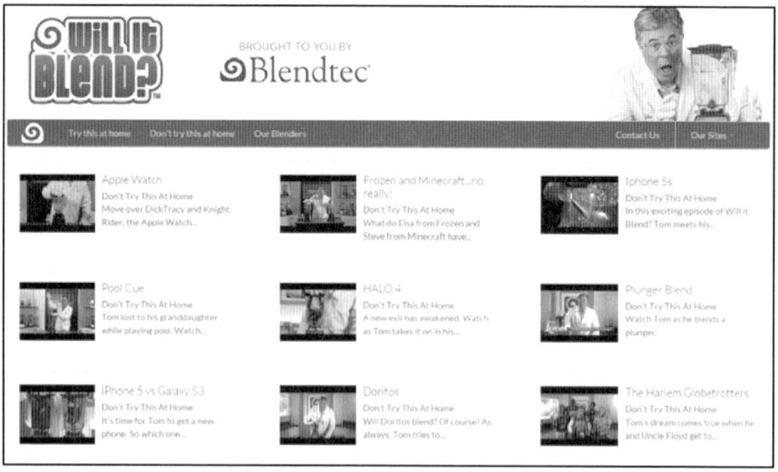

자료: www.willitblend.com

보여 주었을 뿐 아니라, 소비자들 사이에 바이럴을 일으켜 미약했던 브랜드 인지도를 단기간 내에 높이는 효과를 가져왔다. 초기 성과를 바탕으로 "Will It Blend?" 캠페인의 일환으로 제작된 수십 편의 실험 동영상들은 각각 수백~수천만 조회수를 달성하였고, 회사 매출 또한 5배 신장하였다.

바이럴 마케팅은 이처럼 인지도가 부족한 회사의 전략적 수단으로서 성공적으로 활용되기도 하지만, 인지도가 충분한 대기업들의 경우도 소셜 미디어 기반 바이럴 마케팅을 신제품 출시 등에 활용하여 쏠쏠한 재미를 보기도 하였다. 그 사례로, 미국 자동차 산업을 대표하는 빅 3 중 하나인 포드(Ford)를 살펴보자. 2009년 중반 포드는 유럽형 초소형 (*sub-compact*) 차량인 신형 피에스타(Fiesta)의 출시를 준비하는 과정에서, 엄청난 금액이 투입되는 전통적인 마케팅 방식을 버리고 소셜 미디어를 활용한 바이럴 마케팅을 시도하기로 결정한다. 구체적으로, 총 100명의 의욕적인 소셜 미디어 사용자들을 선정하여 각자에게 차량을 나눠 주고 그 조건으로서 총 6개월에 거쳐 피에스타 시승기를 사진, 동영상 등 멀티미디어 형태로 개인 블로그, 트위터, 페이스북, 플리커 (Flickr) 등의 소셜 미디어 플랫폼에 올려 공유하는 것을 내세우는 마케팅 캠페인이었다.

결과부터 말하자면, 이른바 'Ford Fiesta Movement'로 알려진 이 바이럴 마케팅 캠페인은 굉장히 성공적이었다. 2010년 3월까지 유튜브 시청 건수는 620만 건, 플리커 뷰는 75만 건, 트위터 실질 구독자는 400만 명에 이르렀는데, 실제 6천 명의 차량 예약자 중 절반이 포드 자동차를 기존에 경험하지 못했던 소비자들이었다. 이처럼 비용 효율적

그림 6-4 Ford Fiesta Movement

자료: www.fiestamovement.com.

인 바이럴 마케팅은, 소비자들이 더 이상 기업의 일방적인 광고 메시지를 그다지 신뢰하지 않고 그들과 비슷한 소비자들의 목소리에 좀더 귀를 기울인다는 점에서 그 힘의 근원을 찾아볼 수 있다.

하지만 기업 입장에서, 단순히 소셜 미디어를 활용한 바이럴 마케팅의 성공적 활용 사례만을 바라보고 어설프게 마케팅에 활용했다가는 되려 바이럴 역풍을 맞을 수도 있다. 유명 패션 브랜드 케네스 콜(Kenneth Cole)의 설립자 디자이너 케네스 콜은 자사 공식 트위터 계정에서 이집트 시민 항쟁을 마치 자사의 봄 컬렉션 소식을 듣고 열광한다는 식으로 온라인 홍보에 사용해 케네스 콜 불매운동 등의 타격을 입은 바 있다. 또한 존슨 앤 존슨(Johnson & Johnson) 사가 생산하는 진통소염제 몰틴(Mortin)의 온라인 동영상 광고는 아기띠를 착용한 엄마들이 목, 어깨, 허리에 느끼는 엄청난 통증을 완화한다는 취지를 내포했으나, 광고의 뉘앙스에 불쾌감을 느낀 주부들이 실시간으로 페이스북, 트위터, 블로그 등을 통해 바이럴을 일으키며 집단 반발함에 따라 심각한 역풍을 맞기도 하였다. 결국 마케팅 담당자의 사과와 더불어 해당 동영상을 모든 매체에서 삭제하는 결정을 내렸으나, 이후 〈뉴욕타임스〉(*New York Times*)나 〈포브스〉(*Forbes*), 〈로이터〉(*Reuters*) 등의 권위 있는 언론기관에서 사태에 주목함으로써 추가 타격을 입었다.

위와 같은 바이럴 역풍 사례에서 알 수 있듯이, 바이럴 마케팅은 기업과 소비자 사이에서 야기된다는 점에서, 그 시발점은 기업일 수도 있지만 반대로 소비자 그룹일 수도 있다. 이에 따라, 카플란과 헤이레인 (Kaplan & Haenlein, 2011)은 바이럴의 촉발 주체가 기업인지 소비자인지, 그리고 바이럴 마케팅이 성공했는지 실패했는지 여부를 기준으로 활용해 표 6-1과 같이 4가지 타입으로 기업의 바이럴 마케팅 캠페인을 실제 사례와 함께 분류하였다.

좀더 구체적으로 설명하자면, 각 타입별 기업 사례는 다음과 같다. 2006년 봄, 볼츠(Voltz)란 변호사는 그의 친구 글로브(Grobe)와 함께 멘토스 캔디를 다이어트 콜라병에 넣어 액체를 분출시키는 실험을 해서

표 6-1 4가지 바이럴 마케팅 캠페인

		바이럴 마케팅 캠페인의 촉발 주체	
		소비자	기업
캠페인 결과	긍정	다이어트 콜라(Diet Coke) 병과 멘토스(Mentos) 캔디 실험	버거킹(Burger King)의 와퍼 희생(Whopper Sacrifice) 캠페인
	부정	미국 항공사 제트블루(JetBlue)	게임기 제작업체 소니의 PSP 가짜 블로그

자료: Kaplan & Haenlein, 2011.

유튜브에 올렸고, 이 실험 영상은 단기간 내에 엄청난 바이럴을 일으켰다. 이 같은 소비자 주체 바이럴을 활용해, 두 제품 제조기업은 자사 웹사이트를 통해 더 활발한 사용자 제작 영상(user-generated content)을 독려함으로써 매출 신장을 거두게 된다.

미국 항공사 제트블루(JetBlue)의 경우, 2007년 초겨울 착빙성 폭풍우로 인한 비행 스케줄 지연이 연쇄적인 항공 취소로 이어졌음에도 서비스 측면에서 재빠르게 대응하지 못함으로써 소비자들의 불만이 트위터와 페이스북을 통해 급속도로 퍼져 매출액 손해뿐 아니라 브랜드 이미지 손상도 입게 된 사례다.

이와 별개로, 기업이 주체가 되어 바이럴을 촉발하는 경우에도 소셜미디어 활용에 있어 핵심 요소인 '신뢰성'과 '비전문성'을 망각할 경우 역풍을 맞을 수 있음을 보여 주는 사례가 일본 게임업체 소니의 가짜 블로그 사건이다. 소니는 2006년 자사의 광고 에이전시 기업인 지파토니(Zipatoni)를 통해 마치 일반 블로거(blogger)가 만든 것처럼 축약어와 오타까지 반영된 블로그를 만들었는데, 그에 비해 지나칠 정도로 전문가적인 작업 솜씨로 인해 소비자들로부터 가짜라는 의문과 비난을 받게 되었다.

마지막으로 패스트푸드 업체 버거킹의 '와퍼 희생 캠페인'은 혁신적이고 재미난 발상을 통해 기업 주체의 바이럴을 성공적으로 일으킨 대표적인 사례이다. 2008년 버거킹은 페이스북 가입자들을 상대로 가상 친구를 10명 제거하면 자사의 인기 상품인 와퍼 버거를 공짜로 준다는 발상으로 "미국인은 친구보다 와퍼 버거를 더 사랑한다"는 메시지를 고객에게 전달함으로써 성공적인 캠페인을 달성하였다. 다만, 여기서 주의할 점은 바이럴 마케팅 캠페인의 성과를 근시안적으로 단기간 매출 증대 여부로 측정하려고 해선 안 된다는 것이다. 특히 소셜 미디어를 통해 고객과의 관계를 구축하는 것은 시간이 오래 걸리며, 관계 구축의 성과 또한 장기적으로 발현 가능하다는 사실을 기업 마케팅 관계자들은 간과하지 말아야 한다.

4. 성공적인 바이럴 마케팅을 위한 요소

그렇다면, 기업이 성공적으로 바이럴 마케팅을 수행하기 위해 고려해야 할 필수 요소들은 무엇인가? 마케팅 연구자들은 다음과 같이 4가지 요소를 꼽는다(Hinz et al., 2011).

① 흥미롭고 기억에 남는 마케팅 메시지를 포함한 콘텐츠
② 사회 관계망(*social network*)의 구조 활용
③ 메시지 수신자의 행동 특성 및 메시지 공유 인센티브 활용
④ 바이럴 마케팅 캠페인 촉발 주체의 최초 타깃 소비자 선정 전략
  (*seeding strategy*)

먼저, 마케팅 메시지를 흥미롭게 기억에 남게 하기 위한 방법으로 카플란과 헤이레인(Kaplan & Haenlein, 2011)은 ① 실제 사람들의 진실된 사연에 근거할 것, ② 실용적인 소수의 리스트(*list*)를 제공할 것, ③ 우스꽝스럽거나 유머스러운 메시지 등을 내포할 것을 제안한다. 앞서 언

그림 6-5 팔도 비락식혜 바이럴 광고 메시지

자료: paldofood.co.kr

급한 블렌텍의 웃긴 실험이나, 최근 대한민국에서 '의리' 열풍을 일으킨 김보성의 코믹성 팔도 비락식혜 광고 등도 마케팅 메시지를 잘 꾸민 사례라 할 수 있겠다.

이렇게 콘텐츠 메시지를 구상한 후, 마케터는 소수의 표적 고객들에 대한 집중적인 상호작용을 통해 다수에 대한 상품 정보 확산을 이끌어 내는 것을 목적으로 추가 작업을 해야 하는데, 즉 높은 ROI(Return on Investment)을 위해서는 2, 3, 4번째 요소에 관한 연구를 통해 초기에 영향력이 높은 소비자들을 파악, 최초 씨드(seed)로 선정할 필요가 있다. 예컨대, 예산 제약으로 인해 바이럴 마케팅을 위해 SNS 사용자들 중 1% 정도만 씨드로 선정할 수밖에 없다고 한다면, 마케터 입장에서는 단순히 임의로 선정하는 것이 아니라 좀더 비용 효율적인 방법을 고안해야 할 것이다. 최근 마케팅 연구에 따르면, 제대로 된 씨드 소비자를 선정하면 잘못된 씨드 소비자를 선정하는 경우보다 최대 8배의 구전(referrals) 효과를 발생시킨다고 한다(Hinz et al., 2011).

이와 관련해, 최적 씨딩(*optimal seeding*) 전략 도출을 위한 계량 마케팅(*quantitative marketing*) 방법론을 연구하는 학자들은 실제로 사회 관계망 구조를 활용한 사회 관계망 분석(*social network analysis*) 방법을 사용하기도 한다. 예컨대, UC 데이비스 경영대학원의 요가나라심한(Yoganarasimhan) 교수는 비용 효율적인 씨딩 전략에 관한 답을 구하기 위해 유튜브에서 임의로 약 1,900여 개의 동영상을 선택해 1달이 넘는 기간 동안 관찰한 후, 사회 관계망 구조를 활용해 씨드의 친구 관계망(*network*) 크기와 구조가 갖는 기능과 역할을 실증적으로 규명한 바 있다. 또한 시뮬레이션(*simulation*)을 통해 임의 추출(*random sampling*) 방법에 비해 전략적인 씨드 선정이 동영상 조회수 증가에 있어 얼마나 유의미한, 효과적인 차이를 양의 방향으로 발생시키는지를 보였다. 그렇다면, 앞서 경영 전략 측면에서 효과적으로 활용 가능하다고 말한 사회 관계망 분석은 도대체 무엇이며 어떻게 구성되는가?

기본적으로 사회 관계망 분석은 사회적 개체들 간에 형성된 관계의 패턴을 찾아내고 그것이 그들의 의도나 행동과 어떤 인과관계를 갖는지 분석하는 기법이다. ① 행위자 및 그들의 행위는 상호 의존적(*interdependence*)이며, ② 행위자 간의 연결은 자원(*resource*)의 전이 혹은 흐름의 채널이라는 2가지 가정을 근거로 사람들 간의 관계를 분석한다. 구체적으로는 사회적 개체를 교점(*node*), 개체들 간의 관계를 연결(*link*)로 정의하여 수학, 물리학 분야에서 정립된 네트워크 이론(*network theory*)의 분석 방법론을 활용한다. 트위터나 페이스북처럼 친구 관계가 드러나 있는, 즉 사회 관계망이 구현 가능한 소셜 미디어 데이터를 활용할 경우, 표 6-2에 제시된 분석 척도(*measure*)를 활용한 정량적 연구 및 바이럴 마케팅 전략이 가능하게 된다. 예컨대, 관계망 내 중앙성(*centrality*)을 활용해 단순히 다수의 친구를 둔 사람들을 씨드로 선정하는 것도 가능할 테지만, 양자적 속성이나 구조적 속성을 종합적으로 고려한 씨딩 전략이 더 낫다는 것을 보여 주는 연구들이 최근 등장하고 있다.

표 6-2 사회 관계망 분석 척도

척도 분류	사회 관계망 척도	척도에 관한 설명
양자적 속성 (dyadic properties)	동질선호 경향 (homophily)	자신과 비슷한 사람, 비슷한 취향을 가지는 타인과의 연결을 선호하는 경향
	다중성 (multiplexity)	사회 관계망 내에서 나타나는 역할, 소속, 특성의 중첩도
	호혜성 (reciprocity)	방향성을 가진 연결망(directed network)에서 상호 연결되어 있는 정도
	연결 강도 (tie strength)	양자 간에 느끼는 사회관계의 강도로 커뮤니케이션의 양, 감정적인 강도, 친밀감, 호혜성 등으로 정의
	경로 거리 (geodesic distance)	두 교점 사이에 가장 빨리 도달할 수 있는 최소 단계 수
관계망 내 중앙성 (network centrality)	연결 정도 중앙성 (degree centrality)	교점과 연결된 다른 교점의 숫자
	인접 중앙성 (closeness centrality)	한 교점으로부터 다른 교점까지의 거리 합의 역수
	사이 중앙성 (betweenness centrality)	해당 교점이 특정한 두 교점의 경로 거리의 매개가 되는 정도를 측정
구조적 속성 (structural properties)	연결 밀도 (network density)	관계망 내 가능한 총 연결 수 중에서 실제로 맺어진 관계 수의 비율
	구조적 공백 (structural holes)	두 개인이나 군집 사이에 유일한 연결을 제공하는 교점을 다리(bridge)라고 하는데, 다리 역할을 하는 교점을 제거하면 공백이 생김
	결속 집단 (clique)	비방향성 네트워크(undirected network)에서 모든 구성원들이 서로 연결되어 있는 가장 큰 집단
	지역 결집 계수(local clustering coefficient)	특정 교점과 연결된 교점들의 연결이 닫힌 네트워크(결속 집단)에 가까운 정도

5. 바이럴 마케팅 연구의 미래? SoLoMo

실제로, 요즘과 같은 인터넷 모바일 환경하에서 바이럴 마케팅 연구는 가용 가능 데이터의 폭증으로 인해 더욱더 활성화되는 추세다. 이는 실시간(*Velocity*) 발생하는 다양(*Variety*)한 형태의 대규모(*Volume*) 데이터, 이른바 3V로 일컬어지는 빅데이터(Big Data)와도 관련되어 있다. 빅데이터의 활용 방안에 관한 논의 역시 이미 수년째 정부, 기업, 언론 매체에서 전 세계적으로 이뤄지고 있지만, 계량 마케팅 연구자들은 특히 SoLoMo(Social-Local-Mobile) 성격의 빅데이터 활용에 초점을 맞추고 있다. 즉, 소셜 미디어, 위치 추적(*geographic information*), 모바일 의사소통(*mobile communication*) 데이터를 반영한 바이럴 마케팅 전략 수립이 가능해진 것이다.

기업 마케터나 학계 마케팅 연구자 입장에서, 이러한 SoLoMo 데이

그림 6-6 SoLoMo 환경

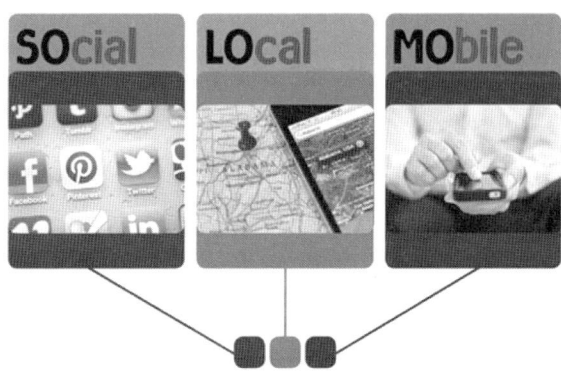

자료: connect.homes.com.

터는 기존에 존재하는 다양한 타입의 데이터에 비해 몇 가지 장점을 지니고 있다. 먼저 기존에 기업이 막대한 비용을 들여 수행한 소비자 서베이 (*survey*) 에서 얻을 수 있었던 정적인 그리고 협의의 불완전한 관계망 정보와 달리, SoLoMo 데이터를 통하면 사용자들 간의 시간에 따른 사회 관계망 생성 및 변화를 볼 수 있다는 점을 들 수 있다. 더욱이, SoLoMo 데이터는 일상적인 삶 속에서 개인의 자발적인 행위로부터 생성되기에, 마케팅 연구자들은 설문조사나 실험 등 통제된 상황에서 행해지는 조사방법에 비해 보다 현실에 가까운 상황에서 개별 사용자들의 선호, 관심사, 정서, 의견에 관한 정보를 얻을 수 있는 셈이다. 더욱이, 그들이 자주 방문한 가게나 방문 움직임 궤적, 시간대, 동행 친구 정보 역시 사용자의 인구사회통계학적 정보로 유용하게 활용할 수 있다. 마지막으로 SoLoMo 데이터를 바탕으로 사회 관계망의 역학 구조 및 역할에 대해 파악함으로써, 정보사회적인 상호작용을 통한 정보의 전파 과정을 관찰할 수 있다. 예컨대, 대부분의 SNS의 경우 친구로부터 얻은 정보를 또 다른 지인에게 전달할 수 있는 기능〔예: 페이스북의 '좋아요'(*like*) 나 트위터의 '리트윗'(*retweet*)〕을 지원하는데, 이러한 공유의 연쇄 과정을 사회 관계망을 통해 추적함으로써 정보 확산 구조에 대한 구체적인 데이터를 얻을 수 있게 된다. 이러한 SoLoMo의 장점과 잠재성으로 인해 현재 마케팅 및 정보시스템 학자들을 중심으로 다수의 흥미로운 연구들이 진행되고 있으며, 해당 연구결과들은 조만간 기업의 전략적 바이럴 마케팅 수단으로 활용될 것으로 전망한다.

우리는 스마트폰에 중독되어 있는가?

정윤혁 울산과학기술원 경영학부

1. 스마트폰의 확산

인터넷은 인간의 일상생활뿐만 아니라 문화, 가치체계 등 사회 전반에 큰 변화를 가지고 오면서 디지털 문명의 서막을 열었다. 최근에는 언제 어디서나 인터넷 사용을 가능하게 하는 스마트폰의 확산으로 인터넷이 일상생활에 더욱 밀착되고 있다. 전 세계적으로 10명 중 9명은 휴대전화를 사용하고 있으며, 그 중 3명가량은 스마트폰을 사용한다(Ericsson Mobility Report, 2003). 국내의 경우 이동통신 가입자의 70%가 스마트폰을 사용할 정도로 스마트폰은 기존의 피처폰을 대체하며 일상생활의 일부로 자리 잡아 간다. 스마트폰은 이미 인터넷 접속의 주요한 도구로서 사용되고 있다. 예를 들어, 소셜 네트워크 사이트에 대한 접속의 절반 이상은 스마트폰을 통해 이루어지고 있고, 스마트폰으로 이메

그림 7-1 부처상의 손에 있는 휴대전화

일을 확인하고 보내는 것은 이제 낯선 일이 아니다. 이처럼, 모바일 통
신기술 사용을 일상화하는 현대의 인간형을 '호모 모빌리쿠스'로 칭하
기도 한다(김성도, 2008).

　스마트폰은 기존 휴대전화의 단순한 의사소통 기능을 넘어 인터넷
콘텐츠와 애플리케이션에 기초한 서비스를 제공한다. 게임과 같이 '재
미'에 바탕을 둔 서비스뿐만 아니라 지도나 뉴스, 쇼핑과 같은 일상생활
밀착형 서비스도 제공하는 스마트폰의 '다재다능함'은 정보기술이 인간
에게 준 선물임에 틀림없다. 그러나 심화되는 스마트폰에 대한 의존은
'스마트폰 중독'에 대한 사회적 우려를 낳고 있다. 사용자의 절반 이상
이 취침 전후로 침대에서 스마트폰을 사용하고 있으며 하루에 평균 34
번 스마트폰을 습관적으로 확인한다고 한다. 스마트폰에 대한 사람들

의 관심은 그것이 가져다주는 혜택을 중심으로 하는 스마트 혁명에 치우쳐 있다. 하지만 스마트폰이 사회 혹은 개인의 삶에 끼치는 영향을 포괄적으로 이해하기 위해서는 그것이 야기할 수 있는 부작용도 함께 고려되어야 한다.

최근 스마트폰에 대한 과도한 몰입에 대한 사회적 관심이 높아짐에 따라 스마트폰 중독에 대한 논의가 시작되었다. 이러한 논의는 스마트폰의 또 다른 측면을 드러낸다는 점에서 스마트폰에 대한 균형 잡힌 이해를 돕는다. 그러나 대부분의 관심은 중독의 위험성 그 자체나 중독을 측정하는 방법 개발에 편향되어 있다. 일상생활의 필수품이 되어 가는 스마트폰 사용을 병리적(*pathological*) 관점에서 볼 것인지, 혹은 일상화된(*routinized*) 정보기술의 사용으로 볼 것인지, 스마트폰 중독을 바라보는 공통된 관점과 다른 태도는 무엇인지와 같은 기본적인 논의는 무시된 채, 스마트폰에 대한 의존성은 부정적 행위로 가정되고 있다. 스마트폰 중독을 사회가 어떻게 받아들이는지 혹은 이것을 바라보는 관점의 차이는 있는지에 대한 근본적인 논의는 부족한 상태이다. 이 장에서는 스마트폰 중독에 대한 기존의 논의를 정리하면서 그것에 대한 다양한 시각, 보다 구체적으로는 디지털 세대와 그들의 부모 세대의 시각 차이가 무엇인지 소개하고자 한다.

2. 스마트폰 중독

중독은 개인이 특정 물질 사용에 대한 통제력을 상실하여 그것을 반복적으로 사용하는 것을 의미한다(Corsini, 1994). 보다 구체적으로, 마약과 같은 물질에 대해 그 효과에 대한 내성(*tolerance*)이 생기면서 점점 더 많은 양의 물질을 필요로 하게 되고, 그것이 충족되지 않을 경우 신체적 그리고 심리적 금단증상(*withdrawal symptom*)이 나타나는 상태를 말한다. [1] 이와 같이 중독은 주로 마약이나 알코올, 담배 등과 같이 중독성 물질로 인한 것을 지칭하여 왔다.

중독은 습관(*habit*)의 관점에서도 설명할 수 있다. 습관이란 장소나 사람, 혹은 후발행위와 같은 상황적 조건에 의해 유발된 자동적(*automatic*) 행위를 의미한다(Wood & Neal, 2007). 가령, 사용자가 한가한 시간마다 스마트폰을 사용할 경우, 한가함이 상황적 조건이 될 수 있고, 탁자에 놓인 스마트폰을 볼 때마다 그것을 사용한다면 스마트폰 자체가 상황적 조건이 될 수 있다. 습관은 인지적 자원을 활용하지 않고도 자동적으로 행해지기 때문에, 다양한 일을 동시에 할 때, 그리고 새로운 상황에서 작업할 때 유용하게 기능한다. 또한, 습관은 행위를 예상 가능하게 하여 사회적 관계를 유지하는 데도 도움을 준다. 하지만 습관의 결과로 신체적·정신적 문제가 발생함에도 불구하고 그 행위를 통제할 수 없을 경우 중독의 상태가 된다. 즉, 중독은 습관과 연장선상

---

[1] 미국심리학회(American Psychological Association), http://www. apa. org/topics/ addiction/index. aspx.

에 있으며, 이러한 관점에서 중독이란 습관에 기초한 문제행위에 대해 자기통제력을 상실한 상태라고 할 수 있다.

내성과 금단증상이 물질에 대한 의존뿐만 아니라 특정 행위에 대한 의존에서도 발생할 수 있다는 점에서 중독을 행위중독(*behavioral addiction*)의 개념으로까지 확산할 수 있다. 정신질환에 대한 기준과 광범위한 예를 제시하는 정신질환 진단 및 통계 편람(*Diagnostic and Statistical Manual of Mental Disorders*)[2]에 따르면, 도박이나 인터넷 게임에 대한 지나친 의존은 정신질환의 범주에 포함될 수 있다. 따라서 물질에 기인하든 아니든, 중독을 신체적·심리적 압박을 회피하거나 쾌락을 추구하기 위한 통제되지 않은 반복적 행위라고 포괄적으로 정의할 수 있다 (Goodman, 1989). 이러한 중독에 대한 포괄적 정의에 기초하여 디지털 기기에 대한 심화된 의존을 새로운 형태의 중독현상으로 이해하려는 논의가 진행되고 있다. 다양한 디지털 기기의 사용이 일상화되면서 그것들에 대한 병리적(*pathological*) 사용 역시 증가하고 있다는 점에서 디지털 중독에 대한 논의는 시의적절하다고 할 수 있다.

스마트폰 중독은 이전 인터넷이나 휴대전화 중독의 개념을 준용하고 있다. 인터넷 혹은 휴대전화에 과도하게 의존하는 사용자는 그것을 사용하지 못할 경우 초조와 불안을 느끼며 사용으로부터 얻는 만족감을 유지하기 위해 사용량을 늘리게 된다. 나아가 그러한 증상으로 말미암아 가정이나 학교, 직장생활을 제대로 할 수 없는 생활장애가 나타나게

---

2) 미국정신의학회(American Psychiatric Association)가 1952년부터 편찬한 것으로 2013년 DSM-V 버전이 출간되었다(http://www.dsm5.org/Pages/Default.aspx).

그림 7-2 일상에 배태되는(embedded) 스마트폰

자료: Social Media Philanthropy (http://www.socialmediaphilanthropy.
com/2013/05/28/the-voice-in-your-pants-or-purse)

된다(Billieux et al, 2008). 스마트폰 중독 역시 정신적 문제(내성, 금단 증상, 강박)와 사회적 문제를 발생시키는 것으로 인식된다. 특히 길을 걷거나 운전 중에 스마트폰을 사용하는 행위는 신체적인 위험을 배가할 뿐만 아니라 대화 도중 습관적인 스마트폰 확인행위는 인간관계에 나쁜 영향을 끼치기도 한다.

인터넷을 비롯하여 다양한 디지털 매체, 가령 랩탑이나 넷북, 그리고 스마트폰에 대한 현대인의 의존증상을 인터넷 기반 강박행동(inter-net-enabled compulsive behavior) 혹은 디지털 미디어 강박증(digital media compulsion) 등과 같이 총괄적으로 표현하기도 한다(Young & Abreu, 2010). 그러나 스마트폰 중독은 다른 디지털 강박증상과 차이가 있으며, 나아가 의존성을 유발하는 조건이 가중되어 있다. 스마트폰 중독이 인터넷을 포함한 다른 종류의 중독과 다른 것은 무엇보다도 휴대성

(*portability*) 이 의존성을 심화하는 데 중요한 역할을 한다는 점이다. 기존 인터넷 중독은 PC 환경을 가정하기 때문에 휴대성에 기초한 인터넷 접근성(*accessibility*)에 대해 충분한 논의가 부족했다. 하지만, 스마트폰은 WiFi는 물론 LTE와 같은 진화된 모바일 네트워크를 사용하여 언제 어디서나 인터넷에 접근이 가능하다는 점에서 기존 인터넷 중독과는 차이가 있다.

휴대전화 역시 휴대성이 있지만, 스마트폰은 항시적인 인터넷 접근성이 보장된다는 점에서 휴대전화의 그것과 구분하여 '네트워크된'(*networked*) 휴대성으로 표현할 수 있다. 특히 스마트폰은 원하는 애플리케이션을 다운받아 개인화(*personalized*)된 서비스에 사용할 수 있다는 점에서 기존의 디지털 기기와 다르게 사용자 개인에게 더욱 밀착되어 있다고 할 수 있다. 따라서 스마트폰 중독은 인터넷과 휴대전화 중독의 특징, 스마트폰의 고도로 개인화한 특징을 포함함으로써 의존성을 유발하는 환경이 중첩되어 나타난다. 또한 스마트폰은 다양한 실용적 기능을 제공하기 때문에 내재적인(*intrinsic*) 요인, 즉 '쾌락'을 목적으로 하는 이전의 중독과는 그 원인에서 차이가 있다(신광우 외, 2011). 그러므로 스마트폰 중독을 단순히 기존 디지털 중독과 동일시하여 이해하기보다는 다양한 접근방식과 이론적 틀로 이해할 필요가 있다.

휴대성과 더불어 스마트폰 중독에 영향을 미치는 잠재적 요인은 스마트폰의 인터페이스 환경이다. 스마트폰의 터치스크린이나 아이콘, 멀티태스킹 환경은 재미를 주면서 사용자를 만족시켜 스마트폰에 더욱 의존하게 만든다. 또한 원하는 애플리케이션을 다운받아 설치하고 인터페이스를 자신에 맞게 구성하는 스마트폰의 사용자 권한 강화(*user-*

표 7-1 성인스마트폰 진단척도

번호	항목	전혀 그렇지 않다	그렇지 않다	그렇다	매우 그렇다
1	스마트폰의 지나친 사용으로 학교 성적이나 업무능률이 떨어졌다.				
2	스마트폰을 사용하지 못하면 온 세상을 잃을 것 같은 생각이 든다.				
3	스마트폰을 사용할 때 그만해야지 라고 생각은 하면서도 계속한다.				
4	스마트폰이 없어도 불안하지 않다.				
5	수시로 스마트폰을 사용하다가 지적 받은 적이 있다.				
6	가족이나 친구들과 함께 있는 것보다 스마트폰을 사용하는 것이 더 즐겁다.				
7	스마트폰 사용시간을 줄이려고 해보았지만 실패한다.				
8	스마트폰을 사용할 수 없게 된다면 견디기 힘들 것이다.				
9	스마트폰을 너무 자주 또는 오래 한다고 가족이나 친구들로부터 불평을 들은 적이 있다.				
10	스마트폰 사용에 많은 시간을 보내지 않는다.				
11	스마트폰이 옆에 없으면 하루 종일 일(또는 공부)이 손에 안 잡힌다.				
12	스마트폰을 사용하느라 지금 하는 일(공부)에 집중이 안 된 적이 있다.				
13	스마트폰 사용에 많은 시간을 보내는 것이 습관화되었다.				
14	스마트폰이 없으면 안절부절못하고 초조해진다.				
15	스마트폰 사용이 지금 하는 일(공부)에 방해가 되지 않는다.				

전혀 그렇지 않다 : 1점, 그렇지 않다 : 2점, 그렇다 : 3점, 매우 그렇다 : 4점
※ 단 문항 4, 10, 15번은 다음과 같이 역채점 실시(전혀 그렇지 않다 : 4점, 그렇지 않다 : 3점, 그렇다 : 2점, 매우 그렇다 : 1점)

표 7-1 계속

총점 44점 이상 : 고위험 사용자군

스마트폰 사용으로 인해 일상생활에서 심각한 장애를 보이면서 내성 및 금단 현상이 나타난다. 스마트폰으로 이루어지는 대인관계가 대부분이며, 비도덕적인 행위와 막연한 긍정적 기대가 있고 특정 앱이나 기능에 집착하는 특성을 보이기도 한다. 현실 생활에서도 사용하게 되며 스마트폰 없이는 한순간도 견디기 힘들다고 느낀다. 따라서 스마트폰 사용으로 인해 학업이나 대인관계를 제대로 수행할 수 없으며 자신이 스마트폰 중독이라고 느낀다. 또한 심리적으로 불안정감 및 대인관계 곤란, 우울한 기분 등에 자주 휩싸이며, 성격적으로 자기조절에 심각한 어려움을 보이고 무계획적 충동성도 높은 편이다. 현실세계에서 사회적 관계에 문제가 있으며, 외로움을 느끼는 경우도 많다.

▷ 스마트폰 중독 경향성이 매우 높으므로 관련 기관의 전문적 지원과 도움이 요청된다.

총점 40~43점 : 잠재적 위험 사용자군

고위험 사용자군에 비해 경미한 수준이지만 일상생활에서 장애를 보이며, 필요 이상으로 스마트폰 사용시간이 늘어나고 집착하게 된다. 학업에 어려움이 나타날 수 있으며, 심리적 불안정감을 보이지만 절반 정도는 자신이 아무 문제가 없다고 느낀다. 다분히 계획적이지 못하고 자기조절에 어려움을 보이며 자신감도 낮아진다.

▷ 스마트폰 과다 사용의 위험을 깨닫고 스스로 조절하고 계획적인 사용을 하도록 노력한다. 스마트폰 중독에 대한 주의가 요망된다.

총점 39점 이하 : 일반 사용자군

대부분 스마트폰 중독 문제가 없다고 느낀다. 심리적 정서 문제나 성격적 특성에서도 특이한 문제를 보이지 않으며, 자기 행동을 관리한다고 생각한다. 주변 사람과의 대인관계에서도 자신이 충분한 지원을 얻을 수 있다고 느끼며, 심각한 외로움이나 곤란을 느끼지 않는다.

▷ 때때로 스마트폰의 건전한 활용에 대해 자기 점검을 지속적으로 수행한다.

자료 : 한국정보화진흥원.

empowering) 특성은 사용자의 다양한 욕구를 만족시켜 의존성을 강화한다. 이처럼 스마트폰 중독에 대한 연구는 스마트폰의 수용 관점에서 만족도나 의존도를 높이는 요소들을 탐색한다. 또 다른 스마트폰 중독 관련 연구들은 주로 인터넷이나 휴대전화 중독의 연장선에서 스마트폰 중독에 대한 측정방법 혹은 기준 개발에 집중되어 있다.

휴대전화 중독 측정에 널리 사용되는 MPPUS(Mobile Phone Problem Use Scale)는 내성, 금단증상, 현실도피, 갈망(*craving*), 그리고 일상생활 장애 등과 관련된 27개의 질문을 가지고 중독의 정도를 측정한다(Bianchi and Phillips, 2005). 또 다른 측정방법은 PMPUQ(Problematic Mobile Phone Use Questionnaire)인데, 이는 4가지 측면(위험한 사용행태, 금지된 사용행태, 의존적 증상, 유지비용)에서 중독을 측정한다(Billieux et al., 2008). 이러한 측정방법은 스마트폰 중독에도 적용 가능하다. 최근에는 기존 연구에 기초하여 직접적으로 스마트폰 중독을 진단할 수 있는 척도가 개발되고 있다. 최근 한국인터넷진흥원은 일상생활 장애, 가상세계 지향성, 금단, 내성 등의 4가지 측면으로 이루어진 스마트폰 진단척도를 개발하였다(표 7-1, 신광우 외, 2011). 그 밖에도 스마트폰 중독을 진단하기 위한 다양한 척도들이 개발되고 있다(Kwon et al., 2013; Lin et al., 2014).

휴대전화 중독 연구의 방향과 유사하게, 스마트폰 중독 진단척도는 특정 집단(예를 들어 청소년)의 중독 정도를 탐색하는 데 활용되고 있다. 2013년 발표된 조사에 따르면 국내 스마트폰 사용자 중 청소년의 25.5%, 성인의 8.9% 정도가 스마트폰 중독 위험군에 속한다. 특히 청소년의 경우 전년 대비 7.1%가 증가한 수치이다.[3] 또 그림 7-3에서

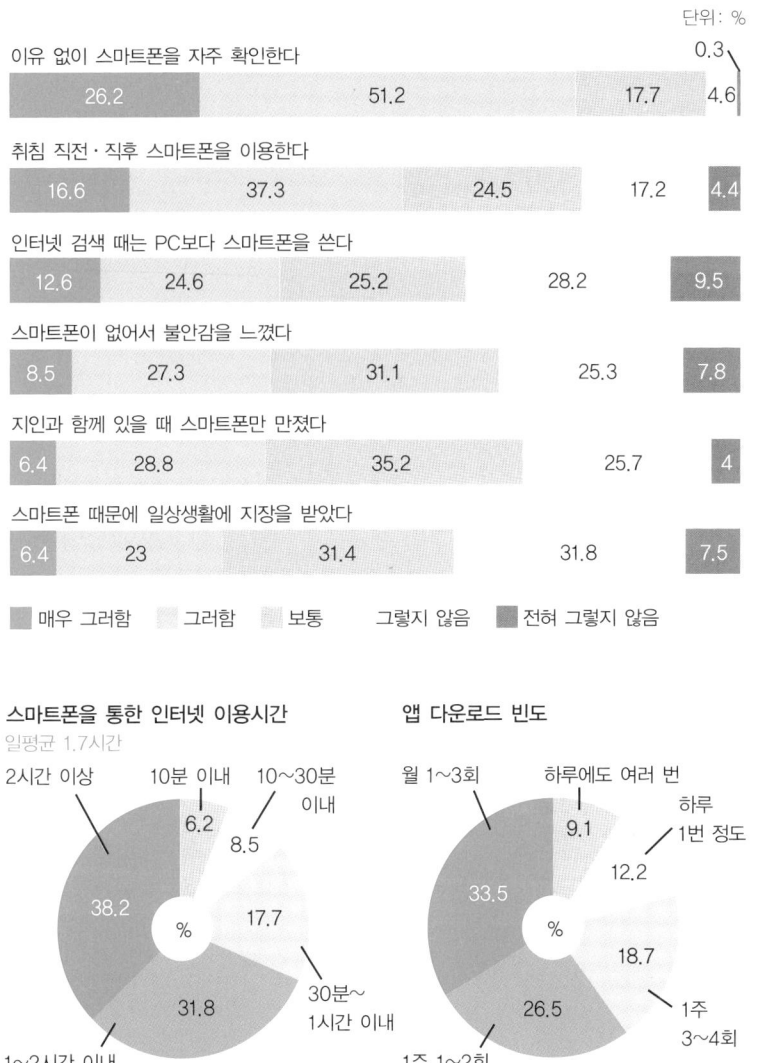

그림 7-3 한국인의 스마트폰 이용 실태

단위: %

이유 없이 스마트폰을 자주 확인한다
26.2 | 51.2 | 17.7 | 4.6 | 0.3

취침 직전·직후 스마트폰을 이용한다
16.6 | 37.3 | 24.5 | 17.2 | 4.4

인터넷 검색 때는 PC보다 스마트폰을 쓴다
12.6 | 24.6 | 25.2 | 28.2 | 9.5

스마트폰이 없어서 불안감을 느꼈다
8.5 | 27.3 | 31.1 | 25.3 | 7.8

지인과 함께 있을 때 스마트폰만 만졌다
6.4 | 28.8 | 35.2 | 25.7 | 4

스마트폰 때문에 일상생활에 지장을 받았다
6.4 | 23 | 31.4 | 31.8 | 7.5

■ 매우 그러함　■ 그러함　■ 보통　그렇지 않음　■ 전혀 그렇지 않음

스마트폰을 통한 인터넷 이용시간
일평균 1.7시간

2시간 이상 38.2
10분 이내 6.2
10~30분 이내 8.5
30분~1시간 이내 17.7
1~2시간 이내 31.8

앱 다운로드 빈도

월 1~3회 33.5
하루에도 여러 번 9.1
하루 1번 정도 12.2
1주 3~4회 18.7
1주 1~2회 26.5

자료: 방송통신위원회 '6차 스마트폰 이용 실태조사' 결과

---

3) 미래창조과학부, 〈2013년 인터넷중독 실태조사〉.

표 7-2 미국 성인 사용자 스마트폰 중독(2013. 7)

72%	대부분의 시간 동안 자신의 스마트폰이 자신으로부터 5피트 내에 있음
55%	운전할 때 스마트폰 사용
35%	영화관에서 스마트폰 사용
33%	초대받은 저녁식사에서 스마트폰 사용
32%	교내 학부모 활동 시 스마트폰 사용
19%	예배 중 스마트폰 사용
12%	샤워 도중 스마트폰 사용
9%	성관계 도중 스마트폰 사용

자료: Jumio/Harris Interactive.

보듯이 이유 없이 스마트폰을 확인하는 사람들이 77%가 넘었다. 중독 초기단계라고 할 수 있는 습관적 확인행위(*habitual checking behavior*)를 하는 사용자에 해당된다. 미국의 경우, 스마트폰 사용자의 72%가 자신의 스마트폰으로부터 약 1.5미터 이내에서 대부분의 시간을 보내며, 절반 이상은 운전할 때 스마트폰을 사용한다고 조사되었다(표 7-2).

3. 디지털원주민 vs. 디지털이주민

마크 프렌스키(Marc Prensky)는 디지털원주민(*digital native*)이라는 표현을 사용하여 디지털 기술에 익숙한 청소년 및 젊은 세대를 지칭하였고, 반면에 성장 후에 디지털 기술에 노출된 부모 세대를 디지털이주민(*digital immigrant*)으로 표현하였다(Prensky, 2001). 디지털원주민은 인터넷, MP3 플레이어, 휴대전화와 같은 디지털 기술과 함께 성장하였다는 점에서 디지털 기기에 대한 태도가 디지털이주민과 다를 수 있

그림 7-4 디지털원주민 vs. 디지털이주민

"유치원 첫날 어땠니?"
"말도 마세요. 무슨 유치원에 와이파이도 없어."

"그럭저럭 아버지가 마우스(쥐)를 설치했어.
이제 그것을 어떻게 사용하면 되지?"

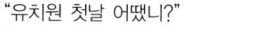

자료: www.campaignasia.com.

다. 디지털원주민은 보다 쉽게 새로운 디지털 기술을 수용할 뿐만 아니라 우호적인 태도를 가지고 있다. 반면에 디지털이주민은 새로운 정보통신 기술에 대한 신뢰가 낮고 덜 우호적인 태도를 가지고 있다. 최근 조사에 따르면, 디지털원주민은 디지털 기술에 대한 숙련도를 나타내는 디지털 지수(*digital quotient*)에서도 디지털이주민에 비해 상당히 높은 점수를 나타내었다(Ofcom, 2014). 디지털 기기 사용의 능숙함과 익숙함은 사용자의 디지털 기술에 대한 인식과 태도에 정(*positive*)의 영향을 줄 수 있다. 그러므로 스마트폰 중독에 대해 디지털원주민과 디지털이주민은 서로 다른 이해를 가지고 있을 수 있다. 청소년의 스마트폰에 대한 의존 심화가 점점 사회 이슈화되는 시점에서, 두 세대가 이 현상에 대해 어떻게 이해하느냐는 매우 중요한 주제이다. 세대 간의 시각 차이를 이해하지 못하고 청소년을 중독의 대상으로만 여길 경우 사회적 갈등이 발생할 수 있다.

4. 사회표상 관점에서 시각차의 이해

사회표상이론(*social representations theory*)에 따르면, 한 사회집단은 구성원들 간의 상호작용의 결과로 사회적 객체(*social objects*)에 대해 공유하는 공통지식을 갖게 된다(Moscovici, 1984). 사회표상이란 세계에 대해 가지고 있는 집단구성원들의 공통된 지식을 말한다. 사회집단은 작게는 취미생활을 하는 소그룹이 될 수도 있고, 크게는 국가 단위가 될 수도 있다. 세대 역시 자신이 속한 또래집단별로 상호작용이 이루어진다는 점에서 하나의 사회집단으로 간주할 수 있고, 따라서 세대별로 사회적 객체에 대한 지식이 공유될 수 있다. 흔히 얘기하는 '세대 차이'라는 말은 이러한 세대별 사회표상이 존재함을 나타내는 표현이라고 할 수 있다.

사회표상이론은 다양한 사회적 객체에 대한 집단적 이해(*collective understanding*)를 설명하는 데에 폭넓게 사용되어 왔다. '건강과 병' (Herzlich, 1973)과 같은 일반적인 주제뿐만 아니라, '전자지갑'(Penz et al., 2004)과 같은 정보기술 관련 주제도 사회표상이론의 틀을 통해 하나의 사회단위(국가)에서 탐색되었다. 또한 사회표상이론은 병원 내에서 의사나 간호사, 행정직원, IT 직원 등의 직업집단들이 '보안'이라는 개념에 대해 어떻게 다르게 생각하는지를 탐색하는 데에도 사용되었고(Vaast, 2007), '유전자 변형식품'에 대한 유럽 15개국의 이해 차이를 연구하는 데에도 이론적 틀로서 도입되었다. 기존 연구들과 마찬가지로 사회표상이론은 스마트폰 중독에 대한 세대 간 시각차를 이해하는 데에도 사용될 수 있다.

그림 7-5 스마트폰 중독 사회표상

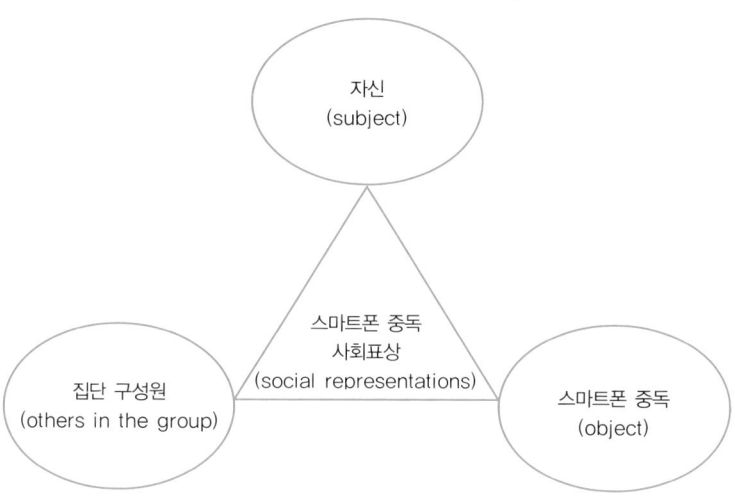

사회표상이론의 중요한 부분은 사회표상이 핵심과 주변부로 이루어진 구조를 갖는다는 것이다(Abric, 2001). 사회표상은 어떤 대상에 대한 정보, 믿음, 의견이나 자세 등으로 구성되어 있는데, 그것들은 핵심(*core*)과 주변부(*peripheral*)로 나누어진다. 사회표상의 핵심은 안정적인 부분으로 맥락이나 시간의 흐름에도 잘 변하지 않는 것이고, 주변부는 맥락에 따라 사회표상에서 제외되기도 하고 다른 사회표상의 요소들과 관계가 달라지기도 한다. 즉, 주변부는 사회표상 전체의 외부에 위치하면서 맥락이나 시간의 변화에 따른 충격에 대한 완충 역할을 하게 되는 것이다. 따라서, 스마트폰 중독에 대한 중심적이고 지식이나 태도를 표현하는 핵심요소를 탐색하고 분석하는 것은 스마트폰 중독에 대한 세대 간 이해의 차이를 탐구하는 데에 유용하다.

핵심-주변부 사회표상 접근방식으로 스마트폰 중독에 대한 세대 간 시각차를 이해하기 위해 2013년 85명을 대상으로 인터뷰를 실시하였다. 47명은 20대로서 디지털원주민, 나머지 38명은 40대 혹은 50대로서 디지털이주민에 해당한다. 평균 연령은 디지털원주민은 25세, 디지털이주민은 44세였다. 인터뷰는 반구조화된 형식으로, 주요한 질문은 "스마트폰 중독의 정의는 무엇인가?", "스마트폰 중독의 사례는?", "스마트폰 중독의 원인과 결과는 무엇인가?" 등이었다. 인터뷰 내용을 내용분석(*content analysis*) 방법에 기초하여 분석한 결과, 최종적으로 스마트폰 중독의 사회표상을 구성하는 24개의 토픽이 도출되었다. 24개의 토픽은 디지털원주민과 이주민이 동일하였다. 또 세대별로 사회망 분석도구인 UCINET을 사용하여 24개 토픽을 핵심토픽과 주변부토픽으로 구분하였다. UCINET은 노드(토픽)의 동시출현(*co-occurrence*) 정보를 분석하여 각 토픽의 핵심도(*coreness*)를 구하고, 그것에 따라 노드를 핵심요소와 주변부 요소로 나누어 준다.

표 7-3에서 보듯이, 스마트폰 중독에 대한 사회표상으로 24개의 토픽이 공통으로 도출되었고, 5개의 핵심토픽이 중복되었다. 사회적 상호작용 감소(T18), 휴대성(T2), 금단증상(T16), 게임(T6), 습관적 사용(T11)이 그것이다. 스마트폰 중독에 대한 공통된 생각은, 언제 어디서나 사용할 수 있는 휴대성이라는 스마트폰의 특징은 불필요할 때도 사용하게 유도함으로써 결국에는 습관적 사용을 가져오는데, 특히 모바일 게임은 이러한 의존성 심화의 주요한 원인으로 지목되며, 그 결과는 심리적·사회적 문제 발생으로 귀결된다는 것이다. 또한 스마트폰 사용이 제한될 때 심리적 불안증세가 나타나거나 과도한 사용으로 다른 사람들과의 상호작용이 줄어든다.

이렇게 공통적인 부분도 있지만, 디지털원주민과 디지털이주민의 핵심-주변부 사회표상 분류 사이에는 차이가 있다. 우선 디지털원주민은 24개 중 10개의 핵심토픽을 갖는 반면, 디지털이주민은 8개의 핵심토

표 7-3 스마트폰 중독에 대한 핵심-주변부 사회표상

(a) 디지털원주민		(b) 디지털이주민	
#	토픽	#	토픽
T18	사회적 상호작용 감소	T6	게임
T2	휴대성	T18	사회적 상호작용 감소
T4	의사소통 / 정보공유	T2	휴대성
T13	공부 / 업무 방해	T16	금단증상
T16	금단증상	T11	습관적 사용
T6	게임	T9	통제 부족
T11	습관적 사용	T10	젊은 세대
T12	시간낭비	T21	범죄
T1	유용성	T4	의사소통 / 정보공유
T14	신체적 증상	T15	디지털 치매
T21	범죄	T13	공부 / 업무 방해
T5	시간 때우기	T12	시간낭비
T8	사회적 소속감	T1	유용성
T17	정신건강 악영향	T17	정신건강 악영향
T20	유해한 콘텐츠	T23	개인적 관계 유지
T9	통제 부족	T20	유해한 콘텐츠
T19	과도한 비용	T24	현실도피
T10	젊은 세대	T3	공부 / 작업에 활용
T23	개인적 관계 유지	T8	사회적 소속감
T3	공부 / 작업에 활용	T19	과도한 비용
T7	생활필수품	T5	시간낭비
T22	자연적 / 불가피한 현상	T14	신체적 증상
T24	현실도피	T7	생활필수품
T15	디지털 치매	T22	자연적 / 불가피한 현상

* 음영 처리된 부분은 핵심요소를 의미하며, 굵은 글씨로 표시된 토픽들은 두 세대의 공통된 핵심토픽이다.

픽을 갖는다. 이 결과는 디지털이주민에 비해 디지털원주민이 스마트폰 중독에 대해 보다 유사한 지식이나 태도를 가지고 있다는 것을 의미한다. 핵심토픽을 중심으로 구체적인 차이점을 살펴보면, 디지털원주민의 핵심토픽 가운데 의사소통/정보공유(T4), 공부/업무 방해(T13), 시간낭비(T12), 유용함(T1), 그리고 신체적 증상(T14) 등이 디지털이주민에게서는 발견되지 않았다. 반면에, 디지털이주민은 통제 부족(T9), 젊은 세대(T10), 범죄(T21) 등 3가지를 핵심토픽으로 포함하였다. 두 세대 모두 공통적으로 게임을 스마트폰 중독의 주된 원인으로 제시하였지만, 그 외의 원인에 대해서는 다른 생각을 가지고 있다. 디지털원주민은 스마트폰에 대한 과도한 의존이 스마트폰을 통해 할 수 있는 작업들, 즉 의사소통이나 정보공유와 같은 스마트폰의 기능성에 기인한다고 말하며, 반면에 디지털이주민은 스마트폰 중독이 젊은 세대에서 나타나는 것이며 사용자 스스로의 통제 부족이 그 원인이 될 수 있다고 말한다. 디지털원주민은 스마트폰의 기능적 측면, 나아가 그러한 기능을 매개로 이루어지는 친구들과의 상호작용, 즉 외부적(*external*) 환경을 스마트폰 중독의 원인으로 제시한다. 반대로 디지털이주민은 스마트폰을 많이 사용하는 젊은 세대와 사용자의 통제 부족이라는 내부적 문제에서 중독의 원인을 찾는다.

이러한 결과는 귀인이론(*attribution theory*, Jones & Nisbett, 1971)의 관점에서 설명할 수 있다. 귀인이론에 따르면, 인간은 자신이 얼마나 스마트폰 중독에 관련되어 있다고 생각하느냐에 따라 그 현상의 원인을 다르게 설명한다. 자신과 밀접한 현상이라고 생각하는 경우 그 현상의 원인을 상황적(외부적)인 관점으로 설명하고, 자신은 그 현상과 관련이 적고 단순히 관찰하는 입장이라면 그 원인을 사용자 개인적(내부적) 관점으로 설명한다. 즉, 디지털원주민은 스마트폰의 주요한 사용자로서 스마트폰에 대한 심화된 의존성의 원인을 외부적 문제(스마트폰의 기능)로부터 찾으며, 디지털이주민은 스마트폰 중독을 자신 세대와는 거리가 있는 현상으로, 그 원인을 사용자 자체(젊은 세대) 혹은 그들의 내부적 문제로 돌린다.

스마트폰 중독의 결과에 대한 의견에서도 두 세대 간 차이가 나타난다. 디지털원주민은 구체적인 중독의 결과(공부/업무 방해, 시간낭비, 신체적 증상)를 제시하는 반면, 디지털이주민은 스마트폰을 활용한 범죄나 기기의 도난과 같은 보다 사회적인 결과를 제시한다. 이 결과를 통해 디지털원주민은 스마트폰의 주요한 사용자로서 개인적 경험에 기초하여 스마트폰 중독의 결과를 제시하고, 디지털이주민은 추상적인 결과에 주목한다는 점을 알 수 있다. 요컨대 디지털원주민은 현상과 관련된 행위자(actor) 관점에서, 디지털이주민은 현상을 떨어져서 바라보는 관찰자(observer) 관점에서 스마트폰 중독을 이해한다고 할 수 있다.

5. 맺음말

스마트폰 중독에 대한 사회적 염려가 높아지고 있는 상황에서, 중독에 대한 측정이나 현황뿐만 아니라 보다 다양한 관점과 접근방식에 기초한 연구가 필요한 시점이다. 이 장에서는 디지털 중독, 특히 스마트폰 중독에 대한 기존 연구를 소개하면서, 스마트폰 중독에 대한 세대 간의 서로 다른 시각을 다루었다. 스마트폰 중독에 대한 태도를 사회표상이론에 기초하여 분석한 결과, 디지털원주민과 디지털이주민은 공통된 측면도 있었지만, 서로 다른 관점에서 스마트폰 중독을 이해하고 있음을 알 수 있었다. 디지털원주민은 행위자 관점에서 중독의 원인을 스마트폰 기능에서, 디지털이주민은 관찰자 관점에서 중독의 원인을 절제 부족과 같은 사용자 자체의 문제로 제시하고 있다. 또한 중독의 결과도 디지털원주민은 행위자로서 구체적인 결과를, 디지털이주민은 보다 추상적인 결과를 언급하였다.

우리는 스마트폰에 중독되어 있는가? 분명 스마트폰에 대한 의존성이 심화되고 있고, 중독의 정도에까지 이른 사용자들이 적지 않다. "술이든 모르핀, 혹은 이상주의이건 간에 모든 중독은 나쁘다"라는 칼 융의 말처럼 지나치게 스마트폰에 의존하는 것은 심리적·사회적 문제를 유발할 수 있다. 하지만, 이 장에서 소개한 것처럼 스마트폰 중독에 대한 생각이 다를 수도 있다는 점을 간과해서는 안 된다. 스마트폰 중독에 대한 관점의 차이는 유사한 디지털 현상에서도 나타날 수 있다. 예를 들어, 온라인 게임 중독에 대한 세대 간 관점 역시 행위자와 관찰자의 틀로 설명할 수 있을 것이다. 이러한 디지털 중독에 대한 다른 시각은 세대 간뿐만 아니라 다양한 사회집단 간에도 있을 수 있다. 따라서 디지털 중독, 나아가 디지털 관련 현상에 대한 사회적 의사소통의 충돌이나 한쪽 시각에 기초한 정책 입안 등의 부작용을 막기 위해서는 그 현상에 대한 다양한 시각의 이해가 선행되어야 할 것이다.

무선통신 기기도
사회적인 관계를 가질 수 있나?

마르코니에서 IoT까지

김성륜 연세대 전기전자공학부

1. 무선통신의 시작과 도전

최초의 무선통신 실험은 잘 알려진 바와 같이 이탈리아의 과학자이며 사업가인 마르코니에 의해서 이루어졌다. 보다 멀리, 보이지 않는 상대방과 대화를 하는 것이 당시의 목표였다. 이는 자연현상과의 투쟁 결과라고도 할 수 있다. 보다 멀리 신호를 보내기 위해서는 큰 출력으로 신호를 증폭하는 것이 필요했다. 이는 마치 우리 음성이 멀리 도달하기 위해서 크게 말해야 하는 원리와도 같다. 무선 신호의 세기는 공기를 통과하면서, 지면, 건물 등 다양한 장애물에 부딪히면서 빠른 속도로 줄어든다. 결국 일정 거리가 지나면 신호 크기는 더 이상 의미가 없을 만큼 줄어든다. 이와 같이 무선 신호에 영향을 미치는 자연현상은 무선통신에서 극복해야 할 중요한 문제다.

다른 한편으로 무선 신호를 보내기 위해서는 증폭기뿐만 아니라 무선 주파수가 필요하다. 신호를 특정한 주파수에 실어 보내야 공기 중의 다른 신호와 혼선이 일어나지 않는다. 무선 주파수는 일종의 자원으로 무한정 있는 것이 아니기 때문에 효율적으로 사용해야 한다. 물론 무선 주파수 사용자가 적다면 이는 무선통신에서 중요한 문제가 되지 않겠지만, 사용자가 많다면 이를 효율적으로 사용할 필요가 있다. 초창기의 무선통신 연구는 무엇보다 멀리 보내는 것에 집중되어 있었기 때문에 많은 사람들이 동시에 사용하는 것은 그렇게 중요한 문제가 아니었다.

무선통신은 1980년도까지도 일반인들이 쉽게 사용하기에는 비싼 서비스였다. 당시 우리나라에 등장한 카폰 가격은 자동차 가격과 엇비슷했다. 때문에 무선통신이 하나의 시스템화한 산업으로 발전하기 위해서는 보다 많은 사람들이 값싸게 많이 이용할 수 있어야 한다는 문제가 대두되었다.

1) 초기 무선통신의 한계

그렇다면 보다 많은 사람들이 무선통신을 사용하기 위해서는 어떤 조건이 갖추어져야 할까? 위에서 언급한 2가지 제약조건에 대한 극복이 우선시되어야 한다. 첫째는 무선 신호가 거리가 멀어질수록, 그리고 지형지물을 통과할 때마다 감쇄한다는 제약조건, 둘째는 무선 주파수가 유한하다는 제약조건이다.

이 문제들을 극복하기 위해 우선 다음과 같은 간단한 실험을 생각해 보자. 밀폐된 방에 사람들이 모여서 대화를 나눈다고 가정하자. 일반적으로 대화를 할 때는 대화 상대가 가까운 곳에 있겠지만, 이 실험에서는 대화 상대가 방 안의 임의의 장소에 있다고 가정하자. 멀리 떨어져 있을 수도 있고, 가까이 있을 수도 있다. 방 안에 대화를 나누려는 사람이 한 쌍뿐이라면 두 사람의 대화는 쉽게 이루어질 것이다. 그러나 방 안에 대화를 하려는 사람의 숫자가 서서히 늘어난다면 대화 소리는 점점 커질 것이다. 칵테일파티에서 파티장 소리가 서서히 커지는 것과 같은 현상이다. 결국 소리가 커지면서, 멀리 떨어져 있는 상대와의 대화는 불가능하게 된다. 음성의 크기가 제한적이기도 하고, 주변의 다른 사람들의 대화 소리 때문에 상대방의 목소리를 알아듣기 힘들어진다. 이 상황이 무선통신이 극복해야 할 2가지 문제와 닮았다. 멀리 떨어져 있는 상대에게 말할 수 있는 목소리 크기에는 한계가 있고, 사용하는 주파수가 부족하여 동일한 주파수를 사용하다 보니 다른 사람의 목소리에 목소리가 묻히게 된다. 이 간단한 예는 공학적으로도 분석되었다(Gupta & Kumar, 2000). 결국 대화를 하려는 사람이 늘어나면 서로 대화하기 어려워져 대화 상대가 가까이 있지 않으면 대화가 불가능해진다. 대화가 가능한 사람까지의 거리는 대화하려는 쌍이 n개 있을 때, $\frac{1}{\sqrt{n}}$에 비례한다는 수학적인 결론에 이르렀다.

2) 셀룰러 이동통신

그렇다면 위 2가지 문제를 극복할 수 있는 방법은 무엇일까? 유일한 방법은 간접 대화이다. 자신의 앞사람에게 이야기를 해주고, 그 앞사람은 옆 사람에게 대화 내용을 전달해, 결국 최종 대화 상대에게 내용이

그림 8-1 허브노드를 중심으로 한 네트워크

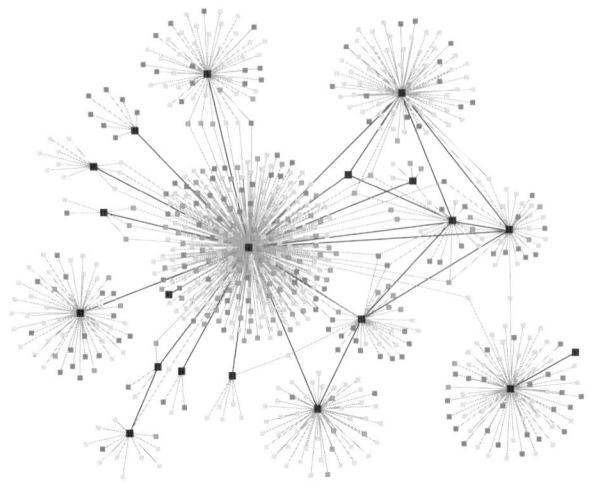

전달되는 방법이다. 전달되는 횟수가 많아짐에 따라 대화의 지연이 발생해 아마 성질이 급한 사람은 이 방법으로 대화하는 것을 못 견딜 것이다. 대화의 여러 단계 전달에서 나타나는 이와 같은 문제를 해결하는 방법에는 무엇이 있을까?

그림 8-1을 보자. 이는 우리 생활에서 많이 나타나는 네트워크를 형상화한 것으로, 허브 노드라는 중심을 향해 여러 작은 노드들이 붙어 있는 것을 볼 수 있다. 말하는 사람(그림에서의 작은 노드)은 가장 가까운 사람(허브 노드)에게 대화 내용을 전달한다. 그것을 전달 받은 사람은 그 내용을 될 수 있으면 최종 대화 상대방에 가장 가까이 있는 사람(또 다른 허브 노드)에게 '유선'으로 지연 없이 빠른 속도로 전달한다. 유선으로 전달 받은 사람은 최종 대화 상대방에게 그 내용을 다시 대화로, 즉 무선으로 전달한다. 이는 일종의 유선과 무선 통신의 혼합방식으로,

대화 상대방에 가장 가까이 있는 사람들을 통해 그 내용을 '유선'으로 중계해 주는 것이다. 마치 오늘날 우리가 비행기 여행을 할 때, 허브 공항을 거쳐 최종 목적지에 도달하는 것과 닮았다. 이 방식은 오늘날 셀룰러 이동통신에서 사용된다. 핸드폰 사용자는 보내려는 정보를 자신과 가장 가까이 있는 기지국에 무선으로 전달한다. 이를 전달받은 기지국은 정보를 받으려는 사람과 가장 가까이 있는 기지국에 그 정보를 유선으로 전달하고, 이 기지국은 최종적으로 무선으로 정보를 전달한다. 이 경우 사람들은 작은 소리로 얘기할 수 있고, 또 그 소리가 멀리까지 들리지 않기 때문에 다른 사람들의 대화에 방해도 적게 할 수 있다. 결국 셀룰러 이동통신은 마르코니 시절의 초창기 무선통신의 문제들을 극복하여 많은 사람들이 동시에 사용할 수 있게 만든, 일종의 공학적인 발명품이다.

셀룰러 이동통신은 1970년대에 미국과 유럽에서 거의 동시에 시작되었다. 초기에는 이동하는 차량에 탑재하는 것으로 시작하여 서서히 사람들이 들고 다니는 핸드폰으로 발전했다. 지난 수십 년 동안 셀룰러 방식의 이동통신은 상업적으로 크게 성공했다. 이 분야의 산업은 하루가 다르게 발전하여 지금은 핸드폰 없이 살 수 없는 시대가 되었다.

3) 셀룰러 이동통신의 당면 과제

항상 모든 어려운 문제가 그렇듯이 셀룰러 이동통신 방법이 마르코니 시절의 2가지 문제점을 완벽하게 해결한 것은 아니었다. 가장 근본적인 제약은 셀룰러 이동통신이 지원하는 단위면적당 핸드폰 사용자의 숫자가 무한정 늘어날 수 없다는 것이다. 셀룰러 이동통신을 위해서는 기지국을 서비스 지역에 촘촘하게 설치해야 하고, 기지국 간 연결은 땅속의 유선으로 이루어져야 한다. 이때 기지국을 보다 촘촘히 설치할수록 보다 많은 가입자에게 서비스할 수 있다. 즉, 핸드폰과 기지국 간 거리가 가까울수록 보다 적은 전력으로 보다 높은 전송 속도를 낼 수 있다. 이 경우 우리는 또 다른 문제에 직면하게 된다. 기지국을 촘촘히 설치하는 데 드는 비용이 증가한다는 것이다. 기지국 비용은 결국 핸드폰 사용자들이 분담하게 된다. 그렇다면 사용자들은 이 비용을 어느 정도까지 분담하게 될까?

공학적인 계산에 의하면, 단위면적당 핸드폰 사용자 숫자가 늘어난다면, 그것을 지원하기 위해 기지국 숫자는 기하급수적으로 증가해야 한다(Park, Kim, & Zander, 2014; Yu & Kim, 2013). 이 계산은 아직도 공학자들 사이에서 논란이 있지만, 기지국 숫자가 기하급수적으로 증가하고 있다는 것에 많은 이동통신 회사들이 동의할 것이다. 물론 오늘날 핸드폰 가입자 숫자는 정체되어 있기 때문에, 기지국의 기하급수적 증가는 더 이상 없다고도 할 수 있다. 그러나 가입자 숫자가 증가하지 않더라도, 각 가입자가 사용하는 무선통신 서비스가 높은 전송속도를 요구한다면 이 또한 기지국 숫자를 늘리는 결과를 가져온다.

4) 초고밀도 기지국

셀룰러 이동통신은 이제 새로운 경제적 문제에 직면하게 되었다. 기하급수적으로 늘어나는 기지국 비용을 언제까지 감당할 수 있을 것인가에 대한 문제이다. 그렇다면 셀룰러 이동통신에서 기지국 숫자를 늘리지 않고 가입자 숫자나 가입자당 전송 속도를 늘리는 방법은 없을까? 우리는 셀룰러 이동통신에서 1G, 2G, 3G, 4G라는 용어를 심심치 않게 듣게 된다. 회사나 대학에서는 현재 5세대(G)에 관한 연구를 진행 중인데, 이러한 1~5G의 구분은 핸드폰과 기지국 간 무선통신 방식의 변화에 따라 결정된다.

통신 방식의 발전은 기지국 숫자는 유지하면서 기지국당 서비스하는 휴대폰 숫자나 전송 속도를 향상시킴을 의미한다. 그래서 지금까지 기지국 숫자를 기하급수적으로 늘리지 않고도 통신 방식 발전을 통해 증가하는 통신 수요를 어느 정도 감당할 수 있었다. 그러나 통신 방식을 통한 수요 대처에도 한계가 있고, 이것이 증가하는 수요를 모두 감당할 수 없게 되었다. 휴대폰을 향한 인간의 욕망이 기하급수적으로 늘어나고 있는데, 이것에 대처하기가 쉽지 않은 것이다.

미래에 통신 수요가 더욱 증가한다면, 아마도 기지국은 초고밀도(ultra-high density)를 유지할 것이다. 마치 와이파이처럼 초고밀도 기지국을 사용하는 것이다. 희망적인 점은 셀룰러 기지국 비용의 절감으로 이제는 초고밀도 기지국도 경제적으로 설치가 가능할 것으로 예상된다는 것이다. 그러나 초고밀도 기지국은 반경이 작아서 이동하는 핸드폰보다는 정지해 있는 핸드폰에 적합할 것이라 생각된다. 최근에 와이파이에서 사용하는 주파수 대역을 이동통신의 소형 기지국이 같이 사용하려는 산업계 흐름이 있는데, 이것은 초고밀도 소형 기지국 설치와 방향을 같이한다(Qualcomm, 2013).

그렇다면, 앞으로는 소형 기지국만 존재하게 될 것인가? 그렇지는 않다. 앞으로의 셀룰러 구조는 여러 형태의 기지국이 공존하는 일종의 혼합형 방식이 될 것으로 판단된다. 즉, 다양한 반경의 기지국이 동시에 존재하면서 핸드폰 사용자는 이 중에서 가장 가까운 기지국에 연결하게 된다. 기지국 숫자가 기하급수적으로 늘어나는 이유는 기지국 숫자를 늘려서 통신 수요에 대처하는 것이 지금까지는 가장 효율적이라고 알려져 있기 때문이다.

핸드폰과 기지국이 통신을 하더라도 이는 인접 기지국이나 거기에 속해 있는 핸드폰에 어떤 형태로든 간섭을 주게 된다. 따라서 기지국 접경지역에서의 핸드폰 통신 성능은 급격히 떨어져 통신이 안 되는 경우도 발생하게 된다. 이를 공학적으로 해결하는 방법으로는 간섭을 회피하는 방식과 간섭 자체를 제거하는 방식이 있다. 간섭을 회피하는 방식은 인접 기지국 간 약속을 통해서 일종의 트래픽 교통정리를 하는 것이다(Jung, Lee, & Kim, 2013). 보다 적극적인 방법은 공학적인 방식을 통해서 간섭 자체를 아예 제거하는 것이다.

5) 주파수 관점에서의 해결방안

휴대폰에서 같은 주파수를 가지고 송신과 수신을 동시에 할 수 있을까? 일반적으로 이 방식은 간섭 때문에 아직은 사용되지 않고 있으며, 통상적으로 데이터 송신과 수신에는 각기 다른 주파수를 사용한다. 핸드폰에서 정보를 보내는 것보다 받는 것이 많기 때문에 이쪽에 보다 많은 주파수가 할당된다. 하지만 같은 주파수로 동시에 송수신이 가능하다면 주파수를 훨씬 더 효율적으로 사용할 수 있을 것이다. 이와 같은 노력들이 최근에 공학적으로 완성되고 있어서 늘어난 수요를 대처할 수 있을 것이다(Bharadia, McMilin, & Katti, 2013).

증가하는 수요에 대처하는 또 다른 해결방법은 주파수를 더 많이 확보하는 것이다. 그렇지만 주파수는 유한한 자원으로, 공급보다 수요가 많다. 2013년 우리나라에서는 1.8GHz 대역의 주파수 경매가 있었는데, 10MHz 대역폭에 1조 원에 가까운 경매 대금을 이동통신사들이 납부했다(Kim & Takahashi, 2013). 따라서 주파수 경매는 많은 비용을 가져오고, 그 사용 폭이 제한되어 있다. 주파수 부족으로 셀룰러 이동통신에서는 다른 서비스에 사용하는 주파수를 임의로 빌려 쓰는 방식에 대해 연구 중이다. 대표적으로 TV나 와이파이에서 사용 중인 주파수를 사용하는 것을 고려하고 있다(Lee et al., 2013; Hwang et al., 2012).

수요에 대처하는 가장 재미있는 해결책 중 하나는 보다 넓은 주파수를 확보하면서 동시에 간섭을 줄이는 것이다. 어떻게 하면 이 두 마리 토끼를 한 번에 잡을 수 있을까? 최근 이동통신 연구에서 초고주파를 사용하려는 시도들이 있다. 이동통신에서 고주파라 하면, 6GHz 이상의 주파수 대역을 의미한다. 고주파의 특징은 신호 감쇄가 빠르게 진행되고 기후 환경에 쉽게 영향을 받는다는 것이다. 따라서 무선통신용으로 적합하지 않은 것으로 알려져 있었다. 그래서 지금까지는 고주파 대역의 수요가 적었다. 신호 감쇄가 심한 고주파를 사용하는 경우에, 지향성 안테나를 써서 신호의 직진성을 강하게 하고 보다 멀리 보낸다면, 일직선상에 있는 송수신기 사이에서는 어느 정도 신뢰성 높은 통신이 가능하다. 그런데 여기에서 신호의 직진성은 치명적인 단점으로 작용한다. 수신기의 위치가 어디 있는지를 미리 파악하고 신호의 송신이 이루어져야 하기 때문이다. 그러나 일반적으로 무선통신을 사용하는 과정에서 수신기의 위치를 모르는 경우가 더 많이 존재한다. 따라서 특별한 환경, 예를 들어 송신기와 수신기의 위치가 고정되어 있고, 송/수신기 사이에 장애물이 거의 없는 경우에만 고주파가 사용될 수 있다. 이런 환경에서는 신호의 직진성이 오히려 장점으로 작용하는 부분이 있다. 신호가 널리 퍼지지 않음으로써 다른 신호들의 간섭에서 보다 자유로울 수 있다.

최근에 삼성전자가 28GHz 대역에서의 무선통신을 실험하고 발표하였다(Roh et al., 2014). 이는 주파수 간섭이 적고 보다 넓은 대역폭을 쓸 수 있는 고주파 대역에서의 이동통신 실험이라는 점에서 의미가 크다. 일반적으로 주파수의 파장은 주파수에 반비례한다. 따라서 28GHz 주파수 대역에서의 파장은 밀리미터 단위가 된다. 그래서 이와 같은 고주파 전송은 기술적으로 밀리미터 무선 전송으로 불리기도 한다.

2. 사물 간 무선통신

무선통신에서 송신기와 수신기 사이의 거리는 초기에 비해 매우 가까워진 것을 알 수 있다. 초창기 마르코니 시절의 무선통신은 송수신 간의 거리가 수천 킬로미터였다. 그러던 것이 최근에 와서는 IoT(Internet of Things)까지 전개되면서 송·수신기 간의 거리가 수 센티미터 단위로 가까워졌다. 멀리 떨어진 수신기가 어디에 있는지 모르는 상황에서 최적화된 서비스를 제공하는 기존의 무선통신과는 다른 양상을 띠고 있는 것이다. 그렇다면 무선통신은 왜 이와 같이 소규모 네트워크로 진화하는 것일까? 인간의 편의를 위한다는 것이 첫 번째 이유이다. 예를 들어 사무실에서 여러 기기들 간에 선을 없앤다면 유용하지 않을까? 한 대의 프린터를 여러 대의 컴퓨터가 복잡한 선 없이 동시에 사용할 수 있다면 더 효율적이지 않을까? 우리가 요즘 유용하게 사용하는 블루투스의 출발이 여기에 있다.

그러나 이것보다 큰 두 번째 이유는 경제적인 것이다. 단위면적당 송수신기 숫자를 늘림으로써 제조업체는 보다 많은 무선통신 기기를 시장에 팔 수 있다. 또한 이동통신사는 무선통신의 과금 기회가 늘어난다. 오늘날 기계 간 통신(M2M, Machine to Machine) 혹은 IoT 등 다양한 용어가 사용되는 사물 간 통신은 이와 같은 소규모 네트워크의 예라고 할 수 있다. 그렇지만 이로부터 얻는 경제적 수익이 누구에게 돌아가느냐에 따라서 사물 간 통신을 보는 시각과 용어가 다르다. 이동통신에서 출발한 사물 간 통신은 초기의 MTC(Machine Type Communication)에서 현재는 D2D(Device-to-Device)까지 진행되고 있다(Kim, Wu, & Schiling, 2012). 이를 위해서 제조업체는 모든 사물에 이동통신 LTE용 통신 칩을 삽입하고, 이동통신 사업자는 모든 무선통신을 과금할 의도를 갖고 있다. 즉, 통신 칩과 이동통신 회사들의 중요한 시장이 되는 것이다. 그것에 비해서 IoT라고 불리는 분야에서는 무선통신 자체의 과금에 대해서는 언급을 일단 자제하고 있다. 오히려 보다 많은 사물들이 인터넷의 범주로 들어와서 상호 통신하고 이를 위한 인터넷 전체 인프라가 성장하기를 기대하고 있다.

1) 사람과 사물 사이의 관계

어떤 것이 되었든 간에, 사물 간 통신은 우리 주변에서 서서히 상업적으로 수면 위로 등장하고 있다. 그렇다면 미래의 사물통신은 어떻게 나타날까? 이를 예측하기 위해 여기서 사람과 사물 간의 통신을 3단계로 구분해 보자. 그림 8-2를 살펴보자. 먼저 첫 번째 단계는 사람이 사물에 무선으로 통신하여 명령하고 그 결과를 받는 것이다. 가전기기를 리모컨으로 제어하는 것처럼 이것은 우리 주변에서 많이 찾아볼 수 있는 상황이다. 두 번째 단계는 우리가 요즘 IoT라고 부르는 사물 간 통신을 이야기한다. 이는 사람이 다수의 사물들을 제어하는 것으로, 다수의 사람과 사물, 그리고 사물들 간의 통신은 무선으로 이루어진다. 이를 위해서 사람은 사물들 간의 통신에 대한 어떤 약속을 미리 정하고, 이들이 어떤 작업을 할지 정한다. 예를 들어 집 안에 들어가기 전 핸드폰으로 가전기기들과 연결하여 실내 온도를 맞추고 저녁식사 준비와 관련된 엔터테인먼트를 실행하는 것이 이 단계에 해당된다. 그렇다면 사물

그림 8-2 사물통신의 3단계 진화

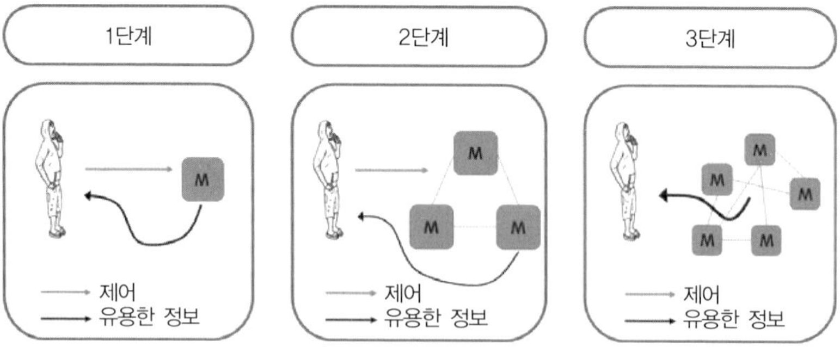

간 통신의 다음 단계는 무엇일까? 마지막 단계는 사물들이 인간의 개입 없이 스스로의 목적에 따라서 상호작용(*socializing*)하는 것이다. 사람들이 SNS를 통해서 자연스럽게 교류하는 것처럼, 사물 스스로도 SNS와 같은 형태의 상호 통신연결을 시도할 것이다.

이러한 세 번째 단계의 사물통신이 이루어진다면, 사물과 인간은 상하 관계가 아니라 동등한 관계에서 집단 지성(*collaborative intelligence*)을 구성하게 된다. 사람-사물-사람-사물이 이루는 다음 단계의 사물통신이 이루어지려면 어떤 요소가 필요할까?

2) 네트워크 로봇

우리는 여기서 정통 통신과는 거리가 있었던 로봇 분야를 살펴볼 필요가 있다. 지금까지 로봇 연구는 인간과 매우 닮은 형태의 지능을 가진, 그리고 인간과 같이 움직이는 휴머노이드 형태의 로봇에 집중되어 있었다. 즉 높은 지능을 가진 하나의 로봇에 대한 연구가 많았다. 그러나 로봇 분야에서도 로봇 간 통신, 특히 무선통신을 강조하는 연구가 시작되었고, 이를 네트워크 로봇(*networked robots*)이라고 부른다. 네트워크 로봇의 특징은 저지능 혹은 일정 작업에 특화된 로봇을 저비용으로 제작하고 로봇 간 연결을 무선통신으로 함으로써 일종의 로봇 팀을 만드는 것이다(Jung et al., 2010; Kim et al., 2011). 로봇 팀은 각자의 목적이 있을 수도 있고 미로를 협력해서 빠져나가는 것과 같이 같은 문제를 협력해서 풀 수도 있다. 어떤 의미에서는 사물 간 통신이며, 이는 위에서 언급한 두 번째 단계의 사물 간 통신이라고 볼 수 있다. 그렇다면,

그림 8-3 에스프레소봇: 블루투스로 통신하는 소형 로봇

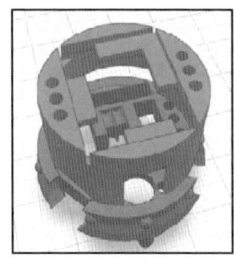

로봇이 인간의 개입 없이 스스로 통신하고 SNS를 구성하여 집단 지성을 갖추기 위해서는 어떤 연구가 필요할까?

일단 로봇이 '인간의 개입 없이' 자유롭게 통신하려면 주변에 있는 다른 로봇들을 발견하고 연결을 할지 스스로 판단할 수 있어야 한다. 또한 새로운 로봇의 유입 혹은 기존 로봇의 소멸에 대해 로봇 개개인의 판단으로 네트워크를 형성해야 한다. 로봇 또한 사람과 마찬가지로 다양하고 서로 다른 관심사를 갖고 있다면 관계를 맺을 때 이것을 바탕으로 자신과 관심사가 많이 겹치는 다른 로봇과 관계를 맺을 가능성이 크다. 로봇이 주변의 어떤 로봇과 연결할지 결정하는 것은 중요한 문제이다. 무선통신을 하기 때문에 거리도 중요한 문제이고, 공통 정보, 혹은 관심사도 그것을 결정하는 데 필요한 요소가 될 것이다. 이렇게 로봇들이 스스로 판단하여 네트워크를 형성하는 것은 사람들이 새로운 집단에 들어갔을 때 처음 보는 사람들을 발견하고 관계를 맺고 끊으며 자연스럽게 네트워크를 만들어 가는 것과 닮았다. 이러한 네트워크가 형성된다면 미래의 가정에서 청소에 관심 있는 로봇청소기는 자연스럽게 공기청정기와 관계를 맺을 수도 있고, 가스레인지와 전자레인지가, 오디오와

텔레비전이 스스로 사회적인 관계를 맺을 수도 있다.

지금까지 네트워크의 '형성'에 대해 이야기했다면 다음으로 중요한 것은 네트워크의 '유지'이다. 사회적으로 연결된 로봇 네트워크에서 돌연 악의적인 혹은 오작동하는 로봇이 등장할 수도 있다. 이것은 사람에 의해 조작되어 나쁜 의도로 네트워크 전체의 로봇들을 공격하는 것일 수도 있고, 단순한 고장으로 주변 로봇들에게 잘못된 정보를 보내는 것일 수도 있다. 수많은 로봇, 혹은 사물들을 인간이 모두 관리하고 개입할 수 없기 때문에 로봇 네트워크의 구성 요소들이 건강한 상태를 유지해야 한다. 예를 들어 네트워크를 구성하는 로봇들 중 하나라도 나쁜 의도로 네트워크 전체의 사물들을 공격한다면 다른 로봇들은 빠른 시간 안에 이러한 사실을 확인하고 악의적인 로봇을 정보로부터 격리해야 한다.

위에서 언급한 2가지 문제, 즉 로봇 스스로의 네트워크 형성과 유지를 가능하게 하는 방법은 로봇 간 '신뢰도'라는 지표를 도입하는 것이다. 사람들 사이에서도 악의적인 사람이 거짓말로 집단을 혼란에 빠지게 할 수 있고, 단순한 실수로 잘못된 정보를 전달할 수도 있다. 그럴 때 우리는 그 사람에 대한 평소 신뢰도를 바탕으로, 혹은 다른 사람들에게 들은 정보를 바탕으로 그 사람이 악의적으로 거짓말을 하는 것인지 아닌지, 정보가 잘못된 것인지 옳은 것인지 판단하게 된다. 로봇도 이처럼 다른 로봇과 통신을 하면서 나쁜 의도로 네트워크 전체를 공격하는 악의적인 로봇을 빠른 시간 안에 판별하고 격리하는 일을 하여 건강한 네트워크를 유지할 수 있어야 한다.

사람들의 SNS를 모방한 로봇들의 소셜 네트워크가 보편화된다면 어떤 일이 벌어질까? 사람들의 사회적 관계를 모방하였지만 사람들과는 달리 철저하게 이성적인 판단과 빠른 계산 속도를 가진 사물(로봇)들이 인간에게 어떤 영향을 줄지는 예측하기 어렵다. 초기의 카폰에서 시작한 무선통신이 로봇들의 소셜 네트워크에 이르기까지 어떻게 발전할지 흥미롭게 지켜봐야 할 것 같다.

09 인터넷 검색서비스에
산업규제를 적용할 것인가?

류민호 네이버 인터넷산업연구팀

김성철 고려대 미디어학부

1. 인터넷 서비스에 대한 규제 논의의 시작

넷플릭스(Netflix)는 2013년 말에 열린 골든 글로브(Golden Globes) 시상식에서 최고 드라마 부문 등 총 6개 부문에 걸쳐 수상후보로 오르면서 화제가 되었다. [1] 넷플릭스의 이러한 선전은 ABC, CBS, NBC 등 TV 시장의 전통 강자들을 위협하는 것으로서, 인터넷 미디어와 전통 미디어 간의 융합이 가속화될 뿐 아니라 이제는 인터넷 미디어가 더 이

---

[1] 넷플릭스는 2012년 *Lilyhammer*라는 드라마를 시작으로 *Arrested Development*, *Orange is the New Black*, *House of Cards*에 이르는 인기 드라마들을 자체적으로 제작하고 인터넷을 통해 처음으로 배포하여 전통적인 TV 프로그래밍 시장에 큰 변화를 불러일으킴. http://www.news-gazette.com/arts-entertainment/national/2013-12-12/netflix-basks-6-golden-globe-nominations.html

상 조연에 머무르지 않는다는 것을 보여 준 사례라고 할 수 있다.

그런데 인터넷 미디어의 영향력이 증가하면서 한편에서는 인터넷에 대한 정부 개입과 통제를 강화해야 한다는 주장이 제기되고 있다. 특히 최근에 구글과 네이버 등 일부 검색서비스 사업자가 전체 인터넷 시장에서 차지하는 비중이 커짐에 따라 이들의 우월적 지위를 견제해야 한다는 주장도 확산되는 상황이다.

일부 급진적인 학자들의 경우 검색서비스 사업자에 대해 직접적인 규제를 적용해야 한다는 주장을 제기하기도 했다. 대표적인 학자인 브라카와 파스콸레(Bracha & Pasquale, 2008)는 검색서비스 사업자를 규제하는 새로운 규제기관인 'Federal Search Commission'을 신설하고 기존에 통신 사업자에게 부과되던 접근(*access*), 비차별(*fair*), 책임(*accountability*)의 의무를 부과해야 한다고 주장하기도 했다. 이후 이러한 주장은 규제의 당위성을 뒷받침해 줄 수 있는 법적, 경제학적 이론들에 대한 논의가 본격화하면서 힘을 잃어 가는 것으로 보이지만 논의의 불씨가 완전히 꺼졌다고 보기는 어렵다.

미국 FTC(Federal Trade Commission)가 구글 사건을 종료하면서 "구글의 검색결과에 대한 일련의 조치는 검색 품질 향상을 위한 노력의 결과로서 경쟁 서비스를 의도적으로 배제하려 했다는 증거가 없다"는 결론을 내린 바 있지만 EU에서는 여전히 구글에 대한 법정 공방이 진행되고 있고, 구글이 합의를 위해 검색결과에 대한 몇 가지 수정안을 제안한 상황이다.

국내 정부와 국회 역시 지난 몇 년간 인터넷 서비스에 대한 규제를 강화하기 위한 노력을 진행 중이다. 예를 들어, 2013년 10월 4일 미래창조과학부가 "인터넷 검색서비스 발전을 위한 권고안"을 발표했는데, 정부의 부인에도 불구하고 해당 권고안은 장기적으로 인터넷 서비스 산업에 대해 새로운 규제를 적용하기 위한 포석으로도 이해될 수 있다.

그런데 인터넷 서비스 규제에 대한 사회적인 관심이 큼에도 불구하고 정작 인터넷 서비스에 산업규제를 적용할 필요성을 뒷받침하는 이론이나 철학적 근거를 제시하는 연구들은 찾아보기 어렵다. 충분한 근거가 없는 가운데 자칫 일부 주장에 따라 섣부른 규제가 도입된다면 국내 인터넷 서비스 산업의 발전과 혁신성은 후퇴할 수밖에 없다.

따라서 이 장에서는 미국과 유럽에서 진행되어 온 인터넷에 산업규제를 적용하는 것에 대한 논의, 특히 검색서비스 사업자에게 사전규제를 적용하는 것에 대한 논의를 소개함으로써 향후 국내에서 인터넷 검색서비스에 대한 산업규제 적용을 논의할 때 참고할 수 있는 시사점을 제공하고자 한다.

2. 인터넷 서비스 산업에 대한 산업규제 적용 논의

1) 미국 사례

미국은 1934년 최초의 통신법을 제정하고 연방통신위원회 (이하 FCC) [2] 가 통신산업을 규제할 수 있도록 했다. 이후 FCC는 통신망과는 구분되

---

[2] FCC는 국내 미래창조과학부, 방송통신위원회와 같이 통신/방송과 관련된 규제를 담당하는 기관임.

는 전화단말기 시장에 대해 무규제 원칙을 적용했다. 전화시장을 독점한 AT&T는 1950년대 허쉬어폰(Hush-A-Phone), [3] 1960년대 카터폰(Carterfone)[4] 등 새로운 형태의 전화단말기들이 출시됐을 때 자신이 유통한 단말이 아니라며 AT&T 망에 접속하는 것을 허용하지 않았다. 이에 허쉬어폰과 카터폰 제조사는 AT&T를 미 고등법원에 제소했는데, 법원은 'No Harm to Public Network' 원칙을 내세우면서 원고인 두 회사의 편을 들어 주었다. 해당 원칙은 망에 위해가 되지 않는 어떤 형태의 단말기도 전화망에 접속할 수 있다는 것을 기본으로 하는데, 이는 향후 FCC의 통신규제에 근간으로 활용되었다.

FCC는 이후에도 전화단말기 시장의 혁신을 유지하는 것을 목표로 전화단말기 시장에 대해 규제를 적용하지 않는 대신 이들이 전화망에서 자유롭게 활용될 수 있도록 접속규제는 강화했다. 이러한 규제 철학은 인터넷 서비스 산업에도 그대로 적용되었는데, 케너드(Kennard), 제나카우스키(Genachowski), 휠러(Wheeler) 등 FCC 전·현직 의장들의 대외 공식석상 발언을 통해서 이를 확인할 수 있다. 인터넷 서비스 산업에 대한 FCC의 규제 철학은 다음과 같이 요약할 수 있다.

(1) 인터넷에 대한 무규제 원칙 명시

인터넷에 대한 무규제 원칙과 관련해서 케너드 전 FCC 의장[5]은 "인터넷에 대해 조금이라도 아는 사람은 자유가 인터넷의 힘이라는 것을 안

---

3) 허쉬어폰은 전화기의 송화음을 집중시켜 주는 깔때기 모양의 전화기임.
4) 카터폰은 무선 전화의 일종임.
5) 1997년 11월부터 2001년 1월까지 FCC 의장 재임.

다"며 "FCC는 인터넷을 결코 규제하지 않겠다"는 점을 분명히 한 바 있다. [6] 또한 맥도웰(McDowell) FCC 위원[7] 역시 인터넷 시장의 성공은 무규제 원칙이 지켜졌기 때문이라는 점을 강조했는데, 맥도웰 위원은 "인터넷은 (민영화된 직후인) 1995년에 전 세계적으로 약 1,600만 명이 이용하는 데 그쳤지만, 2011년에 이르러서는 이용자가 20억 명 이상으로 늘어났고 매일 50만 명이 인터넷에 새롭게 접속하고 있다"며 "이러한 혁신은 정부가 인터넷에 대해 개입하지 않고 시장 자율에 맡겼기 때문에 가능한 것이었다"고 주장한 바 있다. [8]

이후 2009년 6월부터 2013년 5월까지 FCC 의장을 역임한 제나카우스키 역시 (2011년 개최된 'U. S. China Internet Industry Forum'에서) "자유롭고 열린 체계, 중앙집권적이지 않은 인터넷의 본질적 속성이 혁신과 경제적 성장을 촉진한다"며 인터넷 산업에 대한 무규제 원칙과 이에 대한 자신의 신념을 밝힌 바 있다. [9]

이들의 발언을 통해 인터넷이 처음 탄생했을 때부터 지금까지 미국 FCC는 무규제 원칙을 일관되게 적용하고 있음을 확인할 수 있다.

---

[6] "Anyone who knows anything about the internet knows that its freedom is its strength."(Kennard, W. E., 1999, p. 4) "we will not regulate the internet." (p. 4) "This FCC is not going to regulate the internet."(p. 5)

[7] 2006년 6월부터 2013년 5월까지 FCC 위원으로 재임.

[8] "As I have said many times, the Internet is perhaps the greatest deregulatory success story of all time. (중략) this evolution away from government intervention has been the most important ingredient in the Internet's success." (McDowell, R. M., 2009, p. 6~7)

[9] "Likewise, we believe preserving a free and open Internet stimulates innovation and economic growth."(Genachowski, J., 2011, p. 4)

(2) 인터넷 규제 강화 요구 수용 불가

미 FCC는 인터넷에 대한 규제를 강화해 달라는 통신 사업자들의 요구에 대해 "당장 인터넷의 경쟁상대인 통신 사업자들이 인터넷을 규제해 줄 것을 요구하더라도 그 요구를 받아들일 수 없다"고 일축해 왔다. 예를 들어, 맥도웰 FCC 전 위원은 2012년 ITU에서 진행된 연설에서 인터넷 산업과 관련해서 가장 많이 듣는 요구가 "나의 경쟁상대를 규제해 달라"는 것이라면서 이러한 (기존 통신 사업자들의) 주장은 정부가 경쟁상대인 인터넷 산업의 성장 속도를 자신의 수준으로 낮춰 달라는 요구에 불과한 것으로서, 정부는 이러한 요구를 수용할 수 없다는 점을 분명히 한 바 있다.

(3) 전통 규제 적용의 한계 지적

미 FCC는 인터넷이라는 새로운 영역에 "전통적으로 통신산업에 적용되던 낡은 규제"들을 적용하는 것이 바람직하지 않다는 입장을 견지하고 있다. 예를 들어, 맥도웰 FCC 전 위원은 2009년에 행한 연설에서 "시대에 맞지 않는 Ma Bell(AT&T 전신) 스타일의 독점 규제를 새롭게 등장하는 인터넷에 적용하지 않기로 한 것〔즉, 인터넷을 무규제 영역의 정보 서비스(Type I)로 분류한 것〕은 옳은 선택이었다"고 강조한 바 있다. 10)

---

10) "(중략) Instead of foisting an old-fashioned Ma Bell-style monopoly regulation regime on these emerging new services, we have chosen, correctly, to classify broadband as largely unregulated Title I information services."(McDowell, R. M., 2009, p. 5)

(4) 인터넷에 대한 "접속규제" 강화

2005년 8월 FCC는 시내 전화선을 이용한 인터넷 서비스(예: xDSL)를 통신 서비스에서 정보 서비스(*information service*)로 재분류했는데, 해당 재분류 작업에 의해 인터넷 서비스 사업자(ISP)는 기존 통신 사업자에게 적용되던 망 세분화(*unbundled network element*) 제공 의무, 보편적 서비스 제공 의무 등을 면제받게 되었다(정현준, 2005). 이후 FCC는 xDSL뿐 아니라 광대역 인터넷 서비스들(케이블 통신, 유/무선 브로드밴드, 전력선 통신)에 대해서도 동일한 분류를 적용하여 무규제 원칙을 고수하고 있다.

한편 FCC는 애초에 인터넷을 '망에 대한 접속(*access*) 서비스'와 '인터넷 서비스'로 구분하지 않은 채 인터넷 전체를 대상으로 무규제 원칙을 정했는데, 이후 일부 인터넷 접속사업자(ISP)들이 망을 차단하는 문제가 발생하자 인터넷 접속 제공 사업자인 ISP에게 망에 대한 비차별적인 접속을 의무화하는 것을 골자로 하는 오픈인터넷 룰(Open Internet Rules)을 발표하게 된다.

그런데 오픈인터넷 룰은 인터넷을 규제하기 위한 것이 아니라 오히려 인터넷이 일부 사업자에 의해 통제되는 것을 방지하고 인터넷 본연의 모습을 유지하기 위한 것으로 볼 수 있다. 이러한 내용은 제나카우스키 FCC 전 의장의 연설에서도 확인할 수 있는데, 제나카우스 전 의장은 2011년 'U. S. China Internet Industry Forum'에서 "FCC는 오픈인터넷 룰의 도입과는 상관없이 인터넷의 자유와 개방성을 보호하기 위해 인터넷을 규제의 대상으로 보지 않는다"며, "오픈인터넷 룰은 (정부든 사적 주체이든) 특정 권력에 의해 인터넷이 통제되는 것을 방지하기 위해 도입된 것"이라고 밝힌 바 있다. 또한 "FCC는 해당 룰을 통해서 누구나 어떤 간섭이나 방해 없이 인터넷을 통해 새로운 사업을 시작하고 그 결과물이 소비자와 시장에 도달할 수 있는 환경을 조성하고자 한다"[11] 고 강조했다.

또한 2013년 11월부터 FCC 의장으로 재임 중인 휠러 의장 역시 "인터넷은 정책 당국이 개입할 수 없거나 개입해서는 안 되는 영역"이라고 재차 강조하면서 "인터넷 접속에 대한 규제는 이와는 다른 차원의 문제이며 인터넷의 공개성과 상호 연결싱을 보장하기 위해서 반드시 필요하다"[12] 면서 오픈인터넷 룰의 필요성을 강조한 바 있다.

(5) 인터넷과 전통 미디어 간 충돌이 발생할 때는
전통 미디어의 규제를 완화함으로써 규제의 일관성을 유지

1996년 통신법은 방송 · 통신 영역 간 상호 진입을 허용하여 새로운 통신/방송 융합형 서비스의 출현을 가능케 했는데, 해당 법안은 또한 통신산업 내 불필요한 규제를 완화한다는 규제 개혁 조항을 포함한다. 신설된 통신법 제10조는 ① 통신법 규정이나 규제가 통신 서비스의 요금이나 통신 사업자의 (공정하고 타당하며) 비차별적이지 않은 서비스를

---

11) "(중략) Last year we adopted a strong framework to preserve Internet freedom and openness. This framework does not — and we should not — regulate the Internet. Rather, it ensures that no central authority, public or private, can act as a gatekeeper to the Internet." (Genachowski, J., 2011, p. 2)

12) "We must be clear. 'Regulating the internet' is a non-starter (중략) Assuring the internet exists as a collection of open, interconnected facilities is an appropriate activity for the people's representatives." (Wheeler, 2013, p. 24)

제공하도록 하는 것과 관련 없는 경우, ② 소비자 보호를 위해 필수적인 것이 아닌 경우, ③ 적용을 보류하는 것이 공익에 부합되는 경우에는 규제 적용을 보류한다고 규정하였다. 한편 제11조는 1998년부터 2년마다 FCC가 모든 규제를 재검토(review)하고 더 이상 공익을 위해 불필요하다고 판단되면 해당 규제를 폐지하거나 변경해야 한다고 규정하였다.

이렇듯 미국은 일련의 통신규제 완화를 시도하고 있는데, 인터넷과 전통 미디어 간 충돌이 발생했을 때도 이와 같은 탈규제 원칙을 일관되게 적용하고 있다(Shapiro, 1999). 이러한 원칙은 다음의 사례에서 잘 확인할 수 있다.

미 의회는 1996년 통신품위법(CDA: Communications Decency Act)을 제정하여 인터넷을 통해 미성년자에게 전송되는 유해한 메시지를 규제하기 시작했는데, CDA는 외설적이고 품위가 떨어지는 콘텐츠에 대해 이를 제공한 OSP(Online Service Providers)에게 책임(민, 형사상의)을 부과한다는 내용을 포함한다. 즉, CDA는 인터넷에 대해 라디오 방송과 동일한 기준을 적용하고 그 표현에 대한 제한을 가하고자 한 것이라 할 수 있다(양재모·김성필, 2004; 이태규, 2002; 홍승진, 2013).

그러나 미국시민자유연합(ACLU)은 CDA의 제223조 (a)항, (d)항의 "patently offensive"(명백하게 도발적인)라는 용어 표현이 애매모호하여 미국 수정헌법 제1조 표현의 자유와 제5조 적법절차 규정에 위배된다는 이유로 필라델피아 법원에 위헌소송을 제기했다. 이후 일부 조항에 대한 위헌 판결과 법무부의 대법원 상고 절차가 진행되었다. 결국 대법원은 CDA의 "indecent transmission"(외설적 전송)과 "patently offensive display"(명백하게 도발적인 전시) 라는 표현이 미국 수정헌법 제1조에 의해 보호되는 표현의 자유를 침해한다고 판결하였다.

대법원은 판결의 근거로서 인터넷은 라디오나 텔레비전만큼 침습적 (*invasive*) 이지[13] 않아서 이용자들은 콘텐츠를 우연히 접하는 일이 거의 없고, 성적으로 노골적인 이미지나 저속한 표현물의 경우 대부분 경고가 선행되며 접근을 위해서는 동의 과정을 거친다는 이유를 들었다.

해당 판결 후 현재까지 미국의 인터넷 산업은 미 수정헌법에 의한 편집권의 자유, 표현의 자유를 보장 받을 수 있는 산업으로 인정된다. FCC는 이미 1997년에 인터넷과 통신 정책에 관한 백서(Werbach, 1997)[14] 에서, 새로운 기술이 기존 기술에 적용되던 규제의 틀에 맞지 않고 그 결과 경쟁적 불균형이 발생한다면 그에 대한 답은 기존 기술에 대한 규제 완화라는 점을 분명히 하였다.

---

13) 전통적으로 미국에서 방송과 라디오는 수정헌법 제1조의 (온전한) 적용 대상이 아니다. 그 이유는 ① 방송이 희소한 주파수 자원을 이용한다는 점, ② 방송의 독보적인 침투성 (*pervasiveness*), ③ 방송 시청의 특성상 도발적 (*offensive*) 콘텐츠에 대해 사전 경고가 시청자를 완전히 보호할 수 없다는 점, 그리고 ④ 방송은 어린이들의 접근이 용이하고 그 영향력이 크다는 점을 들 수 있다. 이 중 어린이에 대한 영향력을 제외한 3가지 항목을 일컬어 '침습성' (*invasiveness*) 이라고 표현함.

14) "새로운 기술이 등장하고 이와 경쟁관계에 있는 기존 기술에 적용되던 규제를 적용하기 힘들어 규제 적용의 불균형이 발생한다면 기존 기술에 대한 규제를 줄이는 것이 해답이다." (If a competitive imbalance exists because a new technology is not subject to the same regulatory constraints as a competing older technology, the answer should be reduced regulation of the older technology.) (Werbach, 1997, p. 47)

2) 유럽연합 사례

유럽연합(EU) 이 규제를 적용하기에 앞서 각 국가의 규제기관(NRAs: National Regulatory Agencies) 이 '시장 획정', '시장 분석', '필요 시 규제 조치' 라는 3단계 접근법을 통해 규제 가이드라인을 결정하는데, 인터넷 규제와 관련해서는 아직 규제의 필요성을 점검하기 위한 시장 획정과 시장 분석에 대한 논의들이 계속해서 진행 중이다.

(1) 인터넷에 사전규제를 적용하는 것에 대한 철저한 사전 검증 요구

유럽 역시 인터넷이 활성화하고 새로운 형태의 서비스들이 출현하자 이들에 대한 사전규제 가능성을 점검하기 시작했다. 이후 2007년과 2009년 2차례에 걸쳐서 인터넷 서비스를 포함한 전자상거래에 대한 사전규제 필요성을 점검하는 내용의 보고서를 발간하여, 인터넷을 포함한 전기통신 시장(*electronic communication market*) 은 사전규제를 없애고 궁극적으로는 시장 자율에 바탕을 둔 경쟁법에 의해 규제되어야 한다고 강조한 바 있다.

2007년에 발간된 권고(*recommendation*) 보고서는 사전규제가 적용될 수 있는 전기통신 분야의 제품이나 서비스 시장에 관련된 권고 내용을 담았다(European Union, 2007). 특히 해당 보고서는 사전규제의 대상을 결정할 때는 다음과 같은 3가지 요소들을 반드시 점검해야 한다고 권고하였다.

ⓐ 법적, 규제적인 진입 장벽이 존재할 때, ⓑ 적절한 시일 내에 효율적

경쟁 구조로 변화할 가능성이 없는 시장, ⓒ 경쟁법의 적용만으로는 시장 실패 우려를 적절하게 다룰 수 없을 때(European Union, 2007, p. 1).

또한 해당 보고서는 인터넷과 같이 새롭게 떠오르는 서비스 시장에서는 설사 시장 내 선발사업자 이점(*first mover advantage*)이 일부 존재하더라도 그 혁신성을 유지하기 위해서는 부적절한 규제를 적용해서는 안 되며(European Union, 2007, p. 2)[15] 지금은 관련 없는 다른 시장에서도 새로운 경쟁자가 나타날 수 있기 때문에[16] 이러한 동태적인 성격을 반영하지 않은 채 정태적으로 시장을 확정하고 사전규제의 대상으로 지정해서는 안 된다는 점을 강조한다.

한편 2009년 발표된 전기통신 네트워크 및 서비스와 관련된 개정 지침(European Union, 2009)도 인터넷 규제의 기본 원칙을 담고 있는데, 해당 보고서는 인터넷이 교육과 정보 접근 및 표현의 자유를 위한 필수 서비스라는 점을 고려할 때 인터넷에 대한 모든 종류의 제한은 '유럽의

---

[15] "선발사업자 이점이 존재하더라도, 새롭게 떠오르는 시장은 규제의 대상이 되어서는 안 된다."(Newly emerging markets should not be subject to inappropriate obligations, even if there is a first mover advantage.)(Article 8 of the Directive 2002/21/EC)

[16] "혁신적 시장에서는 시장의 진입장벽이 낮다는 특성이 있다. 또한 이러한 시장에서는 장기적이고 동태적인 관점에서 지금은 서로 경쟁적이지 않은 시장도 서로 경쟁관계에 놓일 수 있다."(Barriers to entry may also become less relevant with regard to innovation-driven markets characterized by ongoing technological progress. In innovation-driven markets, dynamic or longer term competition can take place among firms that are not necessarily competitors in an existing 'static' market.)(Article 8 of the Directive 2002/21/EC)

인권 및 근본적 자유 보호를 위한 조약'(European Convention for the Protection of Human Rights and Fundamental Freedoms) 내용과 조화를 이루어야 한다고 강조하였다(European Union, 2009, p. 1). 또한 인터넷을 포함한 전기통신 시장(*electronic communication market*)은 경쟁적이고 역동적으로 발전하고 있기 때문에 시장 전반에 걸쳐 사전규제를 줄이고 궁극적으로는 경쟁법만으로 규제하는 것이 바람직하다고 명시하였다(European Union, 2009, p. 1). 즉, 사전규제는 시장 내 효과적이고 지속적인 경쟁이 없는 상황에서만 부과되어야 한다는 것이다.

(2) 수평규제체계 속에서 인터넷 서비스에 대한 사전규제 지양

전통적으로 통신과 방송 그리고 인터넷 산업과 관련된 규제는 수직적 체계로 규제되어 왔는데, 수직적 규제체계하에서는 동일한 서비스를 제공하더라도 역무에 따라 다른 규제를 적용받는다. 수직적 체계가 인터넷 시대에 발생하는 다양한 융합현상과 서비스를 반영할 수 없다는 문제가 지적됨에 따라, 유럽은 다양한 종류의 서비스들을 전송과 콘텐츠의 계층으로 분류하고 각 계층별로 동일한 규제를 적용하자는 새로운 규제 프레임에 대한 논의를 시작했다(김정환·박지은·김수원·김성철, 2014).

수평적 규제체계로의 전환에는 무엇보다도 산업 내 불필요한 규제를 완화하고 산업의 선순환을 위한 필수적인 규제만을 적용하자는 철학이 깔려 있다(김대호, 2007). 수평적 규제를 고려할 때 유럽은 2분류 체계를 제안했는데, 전송 계층은 콘텐츠의 전달 역할을 수행하는 물리적 전송 서비스를 의미하고, 콘텐츠는 방송 콘텐츠와 같이 사회 문화적인 함

표 9-1 EU가 제안한 계층 구분과 규제 근거

계층 구분		관련 (규제) 지침
전송(transmission network)		규제 프레임워크 지침(Regulatory Framework Directive, 2002) 외 5개 지침[17]
콘텐츠	시청각미디어 서비스 (audiovisual media service)	시청각미디어 서비스 지침 (Audio-visual Media Service Directive,2007)
	정보사회 서비스 (information society service)	전자상거래 지침 (E-commerce Directive, 2002)

자료: 이상우, 2006 재수정.

의를 가진 서비스 영역을 포괄한다.

수평규제하에서 인터넷 관련 서비스는 콘텐츠 계층으로 분류된다. 콘텐츠 계층 내에서도 인터넷 서비스는 방송 성격의 콘텐츠가 아닌 기타 콘텐츠에 해당하는 정보사회 서비스(*information society service*)로 분류되어 전자상거래 지침을 적용받는다(표 9-1 참조). 즉, 유럽은 수평규제체계로 전환하면서 사실상 인터넷 서비스 및 애플리케이션 사업자들을 사전규제 대상에서 제외했다고 볼 수 있다.

전자상거래 지침은 인터넷에 대한 규제적 성격보다는 인터넷 사업자의 법적 지위를 보장해 주기 위한 것인데, 이러한 내용은 EC(European Commission) 내 정보사회 관련 총국의[18] 메니엘(Maennel) 위원의 연설[19]에서도 확인할 수 있다. 메니엘은 유럽의 전자상거래 지침이 기본

---

17) 인가(Authorization), 접근 및 상호접속(Access and interconnection), 보편적 서비스(Universal service and user's rights), 경쟁(Competition), 개인정보 보호(Privacy) 지침.

18) 유럽 집행위원회는 분야별로 총 25개의 관련 총국(Directorate-General)을 두고 실무를 담당하도록 하고 있는데, 메니엘은 정보사회(Information Society) 분야에 속해 있음.

적으로 인터넷 기반의 전자상거래 활성화를 목표로 하며, 인터넷이나 전자상거래 서비스를 규제하려는 의도가 없음을 강조한 바 있다. 한편 수평규제하에서 인터넷 사업자가 제공하는 VOD는 TV 콘텐츠와 같이 시청각미디어 서비스 지침에 의거해서 규제받게 된다.

3. 검색서비스 사업자에 대한 규제 논의

1) 미국 사례

미국은 저작권법 제512조에 의해 다음과 같은 경우 구글과 같은 검색 사업자에 대해 정보 유통에 있어서의 법적 책임을 면제해 준다: ① 전송 및 라우팅을 위한 면책(Safe Harbors for Transmission and Routing), ② 시스템 캐싱을 위한 면책(Safe Harbors for System Caching), ③ 시스템 캐싱 및 정보검색 도구를 위한 면책(Safe Harbors for System Storage and Information Locating Tools).

그러나 최근 구글 등 일부 검색서비스 사업자의 영향력이 커지자 이들 검색서비스 사업자를 대상으로 검색중립성과 같은 사전적 성격의 규제를 적용하자는 논의가 진행되고 있다. 찬반 양측의 의견이 평행선을 달리고 있는 검색사업자에 대한 규제 논의는 크게 ① 검색서비스 시장이 자연독점적 시장인가, ② 검색서비스를 필수설비로 볼 수 있나, ③

---

19) UNESCAP Conference held in Bangkok, 7-9 July 2004.

표 9-2 검색서비스 규제 논의의 주요 쟁점과 찬반 주장

쟁점	찬성 측	반대 측
독점시장 (자연 독점적 시장 여부)	명확한 기준이 없기는 하지만 보통 법원 판례에서 시장점유율 70~90% 정도를 가진 기업은 독점기업으로 분류되고 독점기업의 결합 판매(tying)는 경쟁을 저해하는 것으로 간주됨. 검색엔진은 비밀에 붙여져 있고 신규 진입자가 그 내용에 쉽게 접근할 수 없기 때문에 높은 초기투자 비용으로 시장 진입이 쉽지 않은 철도 산업과 유사함. 양질의 콘텐츠와 DB를 확보하는 것은 검색서비스 사업자들의 핵심역량인데, (구글 Book과 같은) 콘텐츠에 대한 독점적 라이센싱은 경쟁자들의 시장참여를 원천적으로 차단해 진입장벽을 높임.	인터넷 산업의 경우 낮은 진입장벽으로 인해 끊임없이 대안 서비스들이 나타나고 있음. [20] 기술 혁신에 따라 인터넷 서비스를 구성하는 장비 가격이 지속적으로 하락하고 있기 때문에 인터넷 산업은 오히려 후발 주자가 선발 주자들에 비해 비용 우위가 있음. 경쟁만 치열하다면 규모는 문제되지 않음. [21] 기존 시장점유율을 기준으로 한 지배력 기준은 검색시장에 적합하지 않음. [22]
필수설비 (essential facility)	검색은 인터넷의 '병목'이자 정보 흐름의 '관문'으로서 현대 사회, 문화, 경제 활동의 기반이 되는 '필수 서비스'임. 대형 검색엔진의 자체 콘텐츠 역시 외부의 자유로운 접근과 활용을 허용해야 함.	검색서비스 사업자의 추천 지배력 (Referral Dominance)은 지속적으로 약화되고 있음. 즉, 이용자들이 인터넷 사이트 및 서비스에 접근하기 위한 다양한 대안들이 존재함. Top-rank는 공유될 수 없는 ("non-sharable") 자원으로, 공유될 수 없는 자원은 필수설비 개념을 적용할 수 없음. 필수설비 개념은 '물리적인 시설물' (facility)을 대상으로 하는 것으로, 지적 자산에 대해서는 적용할 수 없음. Top-rank에 포함되지 않더라도 후순위를 통해 링크가 제공되기 때문에, 검색서비스 사업자가 접근 자체를 거절 (denial of access)한다고 보기 어려움.
공공재 (public goods)	구글과 페이스북 등 온라인 미디어는 시간과 공간의 제약 없이 정보를 보관(archive)하고, 상대적으로 낮은 비용으로 분배 및 재생산할 수 있기 때문에 공공의 목적을 위해 이용하는 공공재로 간주해야 함.	인터넷 사업자들에게 정부의 초기 자본이 투입된 적도 없고 정부로부터 어떤 특혜도 받은 적 없음.

---

20) 예를 들어, 전통적으로 애플은 검색서비스 사업자로 분류되지 않았지만 애플의 Siri

검색서비스가 공공재인가 등 3가지 쟁점으로 나누어서 볼 수 있다(표 9-2 참조).

검색서비스가 자연독점 시장이라고 주장하는 측은 보통 시장점유율 70~90% 정도를 가진 기업은 독점기업으로 분류되며 독점기업의 결합판매(*tying*)는 경쟁을 저해한다고 주장한다(Andrejevic, 2013; Bracha & Pasquale, 2008). 반대로 자연독점이 아니라고 주장하는 측은 인터넷 산업의 경우 낮은 진입장벽으로 인해 끊임없이 대안 서비스들이 나타나고 있고 장비가격 하락으로 후발주자에게 유리한 점이 있기 때문에 충분히 경쟁적인 시장이라고 강조한다. 또한 이러한 경쟁적인 시장에서는 규모가 큰 것이 문제되지 않는다고 주장한다(Manne & Wright, 2011, Jamison, 2012; Hazan, 2013).

필수설비 논의와 관련해서 규제를 찬성하는 쪽은 검색은 인터넷의 병목(*bottleneck*)이자 정보 흐름의 게이트키퍼(*gatekeeper*)로서 현대 사회, 문화, 경제 활동의 기반이 되는 '필수 서비스'라고 주장한다(Hazan, 2013; Pasquale, 2008). 반대 측에서는 최근 페이스북 등의 SNS가 등장하면서 이용자들이 인터넷을 통해 미디어를 소비하는 패턴이 변화하고

는 차세대 검색서비스로 분류할 수 있음. 최근에는 페이스북과 같은 SNS가 일부 검색 기능을 대체하고 있는데, 이렇듯 검색 기술 자체가 끊임없이 진화하고 새로운 대안들이 생기고 있기 때문에 검색시장은 자연독점적 시장으로 보기 힘듦.

21) 역사적으로 (인터넷 등 자율시장 체계하에서) 독점의 우려가 있다고 지적된 대형 회사들(예: AOL, Myspace)은 대부분 지금은 사라지고 없거나 존재한다고 해도 영향력이 크지 않은 상황에 처해 있음.

22) 독점에 대한 주장은 일반적으로 가격에 대한 통제를 전제로 하는데, 검색서비스들은 이용자에게 무료로 제공되고 있어, 독점의 잣대를 적용할 수 없음.

있다고 말한다. 특히 최근에는 스마트폰이 확산되고 모바일 앱이 인터넷 서비스를 위한 새로운 유통 채널로 자리 잡으면서 웹 기반의 검색서비스 사업자의 영향력은 감소하고 앱 마켓을 보유한 모바일 플랫폼 사업자들의 영향력이 커지고 있어서 검색서비스가 가진 접점으로서의 역할은 감소할 수밖에 없다고 주장한다(Ammori & Pelican, 2012; Goldman 2011; Lao, 2013; Litan & Singer, 2012). 또한 블레어와 피에트(Blair & Piette, 2005)는 지적 자산은 대중에게 공개되는 순간 모든 가치가 파괴되기 때문에 지적 자산에 대한 강제적인 공유(접속)는 창조 의지를 저해할 수 있다고 지적한 바 있다.

필수설비 논의를 확장해서, 좀더 급진적인 학자들은 검색서비스를 공공의 목적에 의해 운영되는 공공재로 봐야 한다고 주장하고 있으나(Andrejevic, 2013), 반대 측에서는 검색서비스는 정부의 초기 자본이 투입된 적도 없고 정부로부터 어떤 특혜도 받은 적이 없기 때문에 공공재로 볼 수 없다고 반박한다(Jamison, 2012; Crane, 2012).

한편 이런 논의가 진행되는 과정에서 미국 연방거래위원회(FTC)는 2013년 1월 5명 위원의 만장일치로 구글의 반독점법 위반 혐의에 대해 무혐의 판결을 내린 바 있다. FTC의 판결은 사후적인 경쟁법적 판단이라 위에서 제시한 사전규제 적용의 필요성 논쟁과 직접적인 관련이 있다고 보기는 어렵다. 그러나 미국에서 검색서비스에 대한 사전규제 적용 주장은 논의를 거듭하면서 그 힘을 잃어 가는 것으로 보인다(Lao, 2013).

2) 유럽 사례

유럽은 상대적으로 미국보다 정보보안이나 프라이버시 이슈에 대한 정부 개입을 강조하고 있다. 유럽의 이러한 움직임은 인터넷의 기본 철학인 개방, 공유, 참여라는 원칙을 유지하면서 인터넷 활용의 부작용에 대해서는 정부의 역할과 개입의 중요성을 강조하는 것인데, 그 이면에는 미국을 견제하고 유럽 지역의 사업자와 국민 이익을 극대화하기 위한 목적이 있다고도 볼 수 있다.

유럽은 2012년 1월 25일 정보보호규제(Data Protection Regulation)를 발표하였다. 이 개정안은 1995년 제정된 개인정보 보호 관련 지침(*directive*)을 규칙(*regulation*)으로 격상하면서 개인정보 관련 규제와 개인정보처리자의 책임과 의무를 강화한 것이다. 23)

---

23) EU의 입법 형태는 적용 범위나 효력 강도 등에 따라 규칙(*regulations*), 지침(*directives*), 결정(*decisions*), 권고(*recommendations*), 의견(*opinions*)의 5가지로 나뉨(홍완식, 2004; EU 홈페이지 http://europa.eu/eu-law/decision-making/legal-acts/index_en.htm).

- 규칙은 일부 조항에 대해 효력 발생을 유보시키는 등 예외를 둘 수 없고, 회원국이 국내법으로 비준하는 등의 별도 조치가 없어도 즉각적으로 법적 효력을 가짐.
- 지침은 EU가 정책 목표를 제시하고, 회원국들로 하여금 국내 입법을 통해 그 목표에 대한 수단을 마련하게 하는 것임. 지침의 실행 형태 및 방법을 보통 EU에서 정한 기간 내에 각 회원국 의회가 결정할 수 있도록 하는 것임.
- 결정은 특정 회원국이나 특정 단체, 개인 등에게 개별적이고 구체적인 명령을 내리는 것을 말함. 명령은 그 명령을 받은 특정 단체 등에게 바로 구속력이 있음.
- 권고는 구속력이 없음. 즉 법적 효력 없이 EU의 견해를 알리고 관련된 회원국, 단체, 개인 등에게 행동 지침을 제안하는 것을 뜻함.
- 의견 역시 구속력이 없고, 성명서의 의미를 지님. EU의 주요 기관(Commission,

유럽이 개인정보 보호의 법적 규제 수준을 한 단계 높인 이면에는 SNS, 클라우드 컴퓨팅 서비스 등 개인정보를 활용한 서비스들이 확산되는 시점에서 미국의 영향력으로부터 벗어나려는 의도가 있다고 볼 수 있다. 즉, 개인정보가 EU 경계를 넘어서 이동하는 경향이 가속화하자 유럽은 개인정보 유통에 대한 통제를 강화하기 위한 개정안을 발표하고 EU 내에 거주하는 정보주체들의 개인정보가 영외로 이전될 경우 이에 대한 동의를 의무화하는 한편 정보주체가 자신의 이익을 보호하기 위해 필요하다고 판단할 경우에는 필요한 조치를 요구할 수 있도록 하는 권리를 제공했다. 일부에서는 EU 회원국과 비회원국 사이의 정보 유통을 엄격하게 통제하는 것을 정보봉쇄(*data blockages*) 라고 비판하기도 한다 (박정훈, 2013).

그 밖에 독일의 함부르크 정보보호감독청은 구글이 스트리트뷰와 관련해서 개인정보를 불법적으로 수집했다는 이유로 벌금 14만 유로를 부과하고 수집된 정보를 즉시 파기할 것을 명령한 바 있다. 또한 영국 ICO(Information Commissioner's Office) 도 구글 스트리트뷰와 관련해서 개인정보 보호 제 4원칙 ("처리 목적 달성에 필요한 기간을 초과하여 개인정보를 보유하여서는 안 된다") 과 제 5원칙 ("처리 목적을 달성한 개인정보는 파기하여야 한다") 을 위반했다며 이에 대한 시정 조치를 내린 바 있다.

한편 유럽은 구글의 반경쟁행위에 대해서도 상대적으로 엄격한 잣대를 적용하고 있는데, 2012년 5월 EC는 표 9-3과 같은 4가지 항목24) 에

Council, Parliament) 뿐 아니라, Committee of the Regions와 European Economic and Social Committee에 의해서도 발표될 수 있음.

24) ① 구글이 수직 검색서비스 결과 링크들을 제시함에 있어 자신의 수직 검색서비스에

표 9-3 유럽 내 구글 반경쟁행위 관련 논의 경과

주요 항목	2012년 5월 EC 의견서 지적 내용(2012. 5)	구글의 1차 합의안 주요내용(2013. 4)	구글의 2차 합의안 주요내용(2013. 9)
광고 표시	광고와 일반 콘텐츠 구분 모호 구글 콘텐츠 우선 노출	광고와 다른 웹 검색결과를 시각적으로 명확하게 분리 경쟁 서비스에 대한 링크를 구글의 서비스와 유사하게 배치	링크 옆에 (광고) 로고를 표시해 구분을 강화
타 사이트 정보 이용	경쟁 사이트들의 원 자료들을 사전 승인 없이 이용	구글 검색 노출에 대한 opt-out을 제공하고 이것이 해당 웹사이트의 랭킹을 결정하는 데 많은 영향을 주지 않도록 보장	제3자(Third-party)의 콘텐츠 제공 거부권 강화. 이에 대한 보복 행위 금지 조항 강화
검색 광고 독점계약	검색 광고의 전부 혹은 대부분을 구글을 통해서만 하도록 강요	독점계약 관행 파기	우회 전략으로도 독점계약을 강요할 수 없도록 하는 보호장치 마련
광고 캠페인 이동성	에드워즈(Adwords) 광고가 다른 광고 플랫폼에서 활용되지 못하게 함	광고 캠페인이 타 플랫폼에서도 활용될 수 있도록 허용	다른 플랫폼에서의 검색 광고를 하는 것에 대해서도 우회적으로 불이익이 돌아가지 않도록 하는 보호장치 마련

대해 구글의 지배력 남용을 인정했다(Almunia, 2012). 이후 구글은 해당 문제들에 대한 자체적인 해결방안을 2차례에 걸쳐 제출했으나, EC

대한 링크를 경쟁업체의 결과보다 상위에 노출함으로써 경쟁을 왜곡했다는 점(" … concerned that this may result in preferential treatment compared to those of competing services, which may be hurt as a consequence."), ② 구글이 경쟁 사이트들의 원 자료를 사전 승인 없이 복사해서 사용해 온 것은 경쟁사의 투자에 따른 이익을 가로채는 것으로, 콘텐츠 개발의 투자 유인을 감소시킬 수 있다는 점, ③ 구글이 검색 광고를 제공하는 파트너들과 협의를 함에 있어, 검색 광고의 전부 혹은 대부분을 구글을 통해서만 하도록 강요함으로써 사실상의 독점을 야기한다는 점, ④ 구글은 (계약을 통해) 에드워즈(Adwords) 광고 캠페인이 다른 광고 플랫폼에서 쉽게 활용될 수 없도록, 소프트웨어 개발자들이 관련 툴을 개발하는 것을 제한함.

는(2014년 1월 15일) 구글이 제안한 해결책은 독점 관련 우려를 불식시키기에 충분하지 않다는 이유로 거부하고 더 나은 해결책을 제출할 것을 재차 요구하고 있는 상황이다(Arthur, 2014; Franklyn & Hyman, 2013).

4. 토론 및 결론

1) 인터넷 규제에 대한 미국과 유럽의 입장 비교

미디어로서의 인터넷의 역할과 영향력이 증가하면서 정부가 인터넷을 통제하고자 하는 유인이 커지는 것은 당연하다고 볼 수 있다. 그러나 이러한 유인에도 불구하고 미국과 유럽은 인터넷에 대한 규제의 목적, 목표, 수단에 대해 끊임없이 논의를 진행하면서 과도한 정부 개입 가능성을 원천 차단해 온 것을 확인할 수 있다.

결국 미국이나 유럽 공히 인터넷의 기술, 비즈니스 모델, 이용자들의 행동패턴이 너무 빨리 변화하기 때문에 규제기관이 이러한 산업을 규제한다는 것은 현실적으로 불가능하다고 판단한 것으로 보인다. 한편 인터넷 산업에 대한 사전규제 논의와는 별개로 미국과 유럽은 모두 인터넷 접속에 대한 규제는 강화하여 인터넷이 특정 기관과 사업자에 의해서 통제되는 것을 막고 망을 활용한 다양한 산업들이 활성화하는 데 초점을 둔 규제 기조를 유지하고 있다.

그런데 인터넷 중계자의 책임과 검색서비스 사업자에 대한 규제 적

표 9-4 인터넷 관련 규제에 대한 미국과 유럽의 입장 차이

	유럽(EU)	미국
산업규제 적용 여부	인터넷을 사전규제 대상으로 보지 않음.	인터넷을 사전규제 대상으로 보지 않음.
인터넷 중계자의 역할	명시적 면책 조항 없음. 인터넷 사업자의 책임 강조. (특히 개인정보 처리와 관련 책임 강조) 개인정보 보호를 위한 정부 역할 강조.	통지 후 처리(Notice and Takedown)를 원칙으로 중계자에 대한 면책조항 마련.

용에 있어서 유럽은 상대적으로 엄격한 잣대를 적용하고 있다는 것을 확인할 수 있었다. 이는 미국의 인터넷 기업들을 견제하고 유럽 지역 사업자와 국민의 이익을 극대화하기 위한 목적에서 비롯된 것으로 볼 수 있다. 이상의 논의들을 바탕으로 인터넷 규제에 대한 미국과 유럽의 입장 차이를 표 9-4와 같이 요약할 수 있다.

2) 투명한 규제 적용 절차

미국과 유럽이 급격한 환경 변화 속에서도 인터넷에 대한 일관적인 규제 기조를 유지할 수 있었던 것은 체계적이고 투명한 규제(규칙) 제정 절차가 뒷받침되었기 때문이다. 예를 들어, FCC는 규제를 적용하기에 앞서 대중 공지를 시작으로 관련 사업자나 이해당사자의 의견을 수집하고 이를 검토한 후에 NPRM(Notice of Proposed Rulemaking)을 발표한다. 이때 누구라도 온라인 혹은 FCC 공무원과의 접촉을 통해 의견서를 제출할 수 있으며, 그 내용은 외부에 공개된다. 이러한 일련의 과정을 거쳐 수집된 다양한 이해관계자들의 의견을 검토한 이후에야 비로소 R&O(Report and Order)를 발표한다. 만약 이해당사자가 이 R&O에

반론이 있는 경우에는 R&O가 등록된 날로부터 30일 이내에 위원회 또는 연방법원에 재심을 청구할 수 있다.[25] 유럽의 경우 규제 적용을 위한 일반적인 의사결정 과정은 기본적으로 공동결정(*co-decision*) 원칙을 따른다. 원칙적으로는 EC가 규제 법안에 대한 발의권을 갖고 있지만 EU 내 이사회, 유럽 의회 등 주요 구성원과의 합의가 도출되어야 입법 절차를 진행할 수 있다.

미국과 유럽은 모두 이러한 투명한 절차를 바탕으로 인터넷에 대한 규제 적용 문제를 오랫동안 논의해 왔다. 이에 반해, 국내 규제기관의 인터넷에 대한 규제 움직임은 다소 성급한 바가 있다. 국내 규제기관은 인터넷을 어떻게 규제할 것인지에 대한 각론을 논의하기에 앞서 인터넷 규제의 필요성을 다시 점검하고 또 그 과정 속에서 사회적 공감대와 이해관계자들의 의견을 공개적으로 구하는 것은 물론 의사결정 과정도 투명하게 운영할 필요가 있다.

3) 새로운 규제 틀

이미 시장에는 VoIP, IPTV 등 다양한 형태의 융합서비스들이 출시되어 있다. 그러나 새로운 서비스들을 뒷받침해 줄 수 있는 규제가 정비되지 않아 해당 서비스들의 활성화 시기가 늦어지고 있다. 앞으로 방송과 인터넷이 결합되는 것은 물론이고 기존에 존재하지 않던 다양한 형태의 융합서비스가 출현할 것인데, 이에 대비해 지금부터라도 ICT 전

---

25) http://www.fcc.gov/encyclopedia/rulemaking-process-fcc

체를 아우르는 새로운 규제 프레임워크에 대한 본격적인 논의를 시작해야 한다.

앞서 살펴본 유럽의 경우, 1997년 녹서(Green Paper on the Convertgence of the Telecommunications, Media and Information Technology Sectors, and Implications for Regulation) 26) , 2002년 규제 프레임워크 지침(Regulatory Framework Directive) 27) 등 일련의 작업을 통해 수평규제체계로의 전환을 완료했다. 미국의 경우 아직은 통신과 방송 영역 간 구분을 유지하는 수직적 규제체계를 고수하고 있지만 통신산업 내 규제를 완화하고 융합 형태의 서비스에 대한 규제를 유보하는 등 점진적으로 수평규제로의 전환을 모색하고 있다.

수평규제 모델은 동일한 기능을 수행하는 다양한 서비스들에 대해 일관된 규제를 적용할 수 있도록 하는 것은 물론 현행 규제들을 종합적으로 재점검하고 불필요한 규제들을 과감히 걷어낼 수 있도록 하는 촉매제가 될 수 있다.

또 다른 대안으로, 사전(*ex-ante*) vs 사후(*ex-post*) 규제의 장단점을 취합한 적응규제(*adaptive regulation*)에 대한 논의도 시작되고 있다(표 9-5 참조). 적응규제는 지금의 사전, 사후 규제의 중간적 수준의 규제체계로서, 처음에는 최소한의 규제(혹은 모니터링이 필요한 항목)들을 설정하고 필요에 따라 점진적인 규제를 검토한다는 개념이다(Cherry

---

26) 융합의 개념과 융합으로 인해 나타나는 현상, 융합을 저해하는 요소 등을 분석하여 융합정책 방향을 제시함.

27) 전자커뮤니케이션 네트워크와 서비스에 대한 규제 방향을 제시. 방송/통신으로 구분하던 수직적 규제방식을 전송/콘텐츠 계층으로 구분하는 수평적 규제체계로 전환함.

표 9-5 적응규제의 주요 특징

특징	사전, 산업규제	적응규제	사후, 반독점규제
	• Control (통제) • 확정적 시장.	• Monitoring [최소한의 규제(기준) 마련 후 관찰] • 필요 시 점진적 법 적용.	• Discover (감지, 검증) • 해결까지 시간 소요 큼.

& Bauer, 2004; Noam, 2010).

즉, 적응규제는 최근 급변하는 ICT 산업을 반영하기에는 기존의 사전규제 혹은 기관(*agent*)을 통한 규제는 현실적으로 불가능할 뿐 아니라 섣부른 규제는 오히려 해가 될 수 있기 때문에 앞으로의 기술 발전과 경쟁상황의 불확실성에 유연하게 대응해야 한다는 점을 기본으로 한다고 할 수 있다(Whitt, 2007).

해외에서는 이미 오래 전부터 인터넷을 기반으로 하는 새로운 환경에 대비하여 새로운 정책 대안과 정부의 역할에 대한 심도 있는 논의가 진행되고 있다. 2012년 8월에 열린 제27회 Aspen Institute 회의도 이러한 노력의 대표적인 예라 할 수 있다(Adler, 2013). 아직 구체적인 내용에 대한 논의가 본격적으로 진행되지는 않고 있지만 최소한 차세대 규제체계는 다음과 같은 특성을 가진 것이어야 한다는 공감대는 형성되어 있다(Whitt, 2009).

9대 원칙(Adler, 2013)
① 신중한(*cautious*)
② 거시적인(*macroscopic*)
③ 점진적인(*incremental*)

④ 실험적인 *(experimental)*

⑤ 상황을 반영하는 *(contextual)*

⑥ 유연한 *(flexible)*

⑦ 일시적인 *(provisional)*

⑧ 이유를 명확히 설명할 수 있는 *(accountable)*

⑨ 지속 가능한 *(sustainable)*

국내에서도 이미 10여 년 전부터 수평규제체계 등 새로운 규제체계로의 전환에 대한 논의가 시작되었으나 이후 제대로 된 담론 형성 과정도 거치지 못한 채 답보상태에 머물러 있다. 지금이라도 수평규제, 적응규제 등 새로운 규제체계에 대한 본격적인 논의를 다시 시작해야 할 것으로 판단된다.

본 연구는 미국과 유럽의 사례를 분석함으로써 향후 우리나라에서 인터넷에 산업규제를 적용하는 것, 특히 검색서비스 사업자에게 사전규제를 적용하는 것에 대한 방향과 시사점을 제시했다는 의의가 있지만 여러 가지 한계에서 자유롭지 못하다. 우선 사례연구가 미국과 유럽에 국한되었고, 사례연구를 보완할 수 있는 실증적인 자료가 충분하지 않았다. 향후에 다른 나라들의 사례를 추가적으로 분석하고 전문가들을 대상으로 한 인터뷰 등을 병행한다면 본 연구가 갖는 한계를 어느 정도는 해결할 수 있을 것으로 보인다.

1장. 인터넷 시장의 특성은 무엇인가?

권영선(2014). "인터넷 개방성: 왜 보호하고 어떻게 보호할 것인가?". 〈텔코 저널〉, 2호, 9~40.
김성철·권영선·남찬기(2013). "인터넷 서비스 분류 및 시장획정에 대한 연구". 〈한국방송학보〉, 27권 5호, 7~48.
이은주·권영선(2014). "대형마트 영업일 규제 정책이 실제 소형가게의 매출을 증가시켰는가?". 2014 SCM 춘계학술대회.

Ayres, I. (1985). Rationalizing antitrust cluster markets. *The Yale Law Journal*, 95, 109~125.
Caillaud, B., & Jullien, B. (2003). Chicken & egg: competition among intermediation service providers. *R& Journal of Economics*, 34, 309~328.
Evans, D. S. (2003). The antitrust economics of multi-sided platform markets. *Yale Journal on Regulation*, 20, 325~381.
ITU(2014). ICT facts and figures 2014. Retrieved from ITU website: http://www.itu.int/en/ITU-D/Statistics/Pages/stat/default.aspx
Porter, M. E. (2001). Competition & antitrust: Toward a productivity-based approach to evaluating mergers & joint ventures. *Antitrust Bulletin*, 46, 919~958.
Teece, D. J., & Coleman, M. (1998). The meaning of monopoly: Antitrust analysis in high-technology industries. *Antitrust Bulletin*, 43, 801~857.

남찬기(1996). "EVA 모형을 통한 한국통신의 수익성 분석". 〈정보통신정책연구〉, 6권 1호, 139~151.

남상준(2014). "EVA 개념을 이용한 ICT 산업에서의 초과 시장 가치에 관한 연구". 석사학위논문(한국과학기술원).

McKinsey & Company, Copeland, T., Koller, T., & Murrin, J. (2000). Valuation: Measuring and Managing the Value of Companies. http://finance.yahoo.com.

3장. 인터넷 기업은 지속 가능한가?

Alter, S. K. (2007). Social enterprise typology. *Virtue Ventures LLC*, 12.

Austin, J. E., Leonard, H. B., Reficco, E., & Wei-Skillern, J. (2006). Social entrepreneurship: It's for corporations, too. In A. Nicholls (Ed.). *Social Entrepreneurship: New Models of Sustainable Social Change* (pp. 169~180). Oxford, UK: Oxford University Press.

Dees, J. G., & Anderson, B. B. (2003). For-profit social ventures. in Kourilsky, M. L. & Walstad, W. B. (eds.). *Social Entrepreneurship*. Senate Hall Academy Publishing.

Du, S., Bhattacharya, C. B., & Sen, S. (2011). Corporate social responsibility and competitive advantage: Overcoming the trust barrier. *Management Science*, 57(9), 1528~1545.

Gilley, K. M., Robertson, C. J., & Mazur, T. C. (2010). The bottom-line benefits of ethics code commitment. *Business Horizons*, 53(1), 31~37.

Javalgi, R. R. G., Radulovich, L. P., Pendleton, G., & Scherer, R. F. (2005). Sustainable competitive advantage of internet firms: A strategic framework and implications for global marketers. *International Marketing Review*, 22(6), 658~672.

Kiron, D., Palmer, D., Phillips, A. N., & Kruschwitz, N. (2012). Social business: What are companies really doing. *MIT Sloan Management Review*, *53*(4), 1~32.

Pfitzer, M., Bockstette, V., & Stamp, M. (2013). Innovating for shared value. *Harvard Business Review*, *91*(9), 100~107.

Porter, M. E., & Kramer, M. R. (2011). Creating shared value. *Harvard Business Review*, *89*(1/2), 62~77.

Saul, J. (2010). *Social Innovation, Inc.: 5 Strategies for Driving Business Growth through Social Change*. John Wiley & Sons.

Smith, N. C. (2003). Corporate social responsibility: whether or how?. *California Management Review*, *45*(4), 52~76.

Yunus, M., Moingeon, B., & Lehmann-Ortega, L. (2010). Building social business models: Lessons from the Grameen experience. *Long Lange Planning*, *43*(2), 308~325.

4장. 인터넷 광고는 스마트해지고 있나?

Ducoffe, R. H. (1995). How consumers assess the value of advertising. *Journal of Current Issues & Research in Advertising*, *17*(1), 1~18.

Kim, H., Pang, S., & Choi, S. M. (2014). A study on factors influencing smart advertising avoidance. working paper.

Lambrecht, A., & Tucker, C. (2013). When does retargeting work? Information specificity in online advertising. *Journal of Marketing Research*, *50*(5), 561~576.

White, T. B., Zahay, D. L., Thorbjørnsen, H., & Shavitt, S. (2008). Getting too personal: Reactance to highly personalized email solicitations. *Marketing Letters*, *19*(1), 39~50.

Zanjani, S. H., Diamond, W. D., & Chan, K. (2011). Does ad-context congruity help surfers and information seekers remember ads in cluttered e-magazines?. *Journal of Advertising*, *40*(4), 67~84.

고학수・이상민(2013). "국내 인터넷사이트의 개인정보 수집현황". 〈서울대학교 빅데이터센터 발제자료집〉.

안정민(2013). "온라인 맞춤형 광고(Online Behavioral Advertising)와 개인정보 보호". 〈사이버커뮤니케이션학보〉, 30권 4호, 사이버커뮤니케이션학회.

European Commission, Article 29 Data Protection Working Party(2011). Opinion 16/2011 on EASA/IAB best practice recommendation on online behavioural advertising(WP 188). Retrieved from European Commission website: http://ec.europa.eu/justice/data-protection/article-29/documentation/opinion-recommendation/index_en.htm

European Commission(2011). Special eurobarometer 359: Attitudes on data protection and electronic identity in the European Union. Retrieved from European Commission website: http://ec.europa.eu/public_opinion/archives/ebs/ebs_359_en.pdf

Tene, O., & Polenetsky, J. (2012). To track or do not track: Advancing transparency and individual control in online behavioral advertising. *Minn. JL Sci. & Tech.*, *13*, 281.

Thierer, A. (2013). The pursuit of privacy in a world where information control is failing. *Harv. JL & Pub. Pol'y.*, *36*, 409.

Turow, J., King, J., Hoofnagle, C. J., Bleakley, A., & Hennessy, M. (2009). Americans reject tailored advertising and three activities that enable it. Available at SSRN 1478214.

US Federal Trade Commission(2009). Self-regulatory principles for online behavioral advertising. *Tracking, Targeting, & Technology.* FTC Staff Report, February.

Zuiderveen Borgesius, F. J. (2013). Consent to behavioural targeting in European law: What are the policy implications of insights from behavioural economics?. *Amsterdam Law School Research Paper*, 2013~2043.

Bailey, J. P. (1998). Intermediation and electronic markets: Aggregation and pricing in Internet commerce. Doctoral dissertation, Massachusetts Institute of Technology, Dept. of Electrical Engineering and Computer Science.

Carlton, D., & Chevalier, J. A. (2001). Free riding and sales strategies for the internet. *The Journal of Industrial Economics*, *49*(4), 441~462.

Chevalier, J., & Goolsbee, A. (2003). Measuring prices and price competition online: Amazon.com and BarnesandNoble.com. *Quantitative Marketing and Economics*, *1*(2), 203~222.

De Valck, K., Kozinets, R., Wojnicki, A., & Wilner, S. (2010). Networked narratives: Understanding word-of-mouth marketing in online communities. *Journal of Marketing*, *74*(2), 71~89.

Ellison, G. (2005). A model of add-on pricing. *Quarterly Journal of Economics*, *120*(2), 585~637.

Ellison, G., & Ellison, S. F. (2009). Search, obfuscation, and price elasticities on the internet. *Econometrica*, *77*(2), 427~452.

Hann, I. H., Hui, K. L., Lee, S. Y. T., & Png, I. P. (2008). Consumer privacy and marketing avoidance: A static model. *Management Science*, *54*(6), 1094~1103.

Hinz, O., Skiera, B., Barrot, C., & Becker, J. U. (2011). Seeding strategies for viral marketing: An empirical comparison. *Journal of Marketing*, *75*(6), 55~71.

Iyengar, R., Van den Bulte, C., & Valente, T. W. (2011). Opinion leadership and social contagion in new product diffusion. *Marketing Science*, *30*(2), 195~212.

Kuttner, R. (1998). The net: A market too perfect for profits. *Business Week* (May 11), 20.

Porter, L., & Golan, G. J. (2006). From subservient chickens to brawny men: A comparison of viral advertising to television advertising. *Journal of Interactive Advertising*, *6*(2), 30~38.

Rayport, J. (1996). The virus of marketing. *Fast Company*, 6(1996), 68. Retrieved from http://www.fastcompany.com/magazine/06/virus.html

Watts, D. J., & Peretti, J. (2007). Viral marketing for the real world. *Harvard Business Review*, 85(5), 22~23.

7장. 우리는 스마트폰에 중독되어 있는가?

김성도(2008). 《호모모빌리쿠스》. 삼성경제연구소.

신광우·김동일·정여주(2011). "스마트폰중독 진단척도 개발 연구". 한국정보화 진흥원.

Abric, J. C. (2001). A structural approach to social representations. In K. Deaux, & G Philogène(Eds.). *Representations of the Social: Bridging Theoretical Traditions*(pp. 42~47). Oxford: Blackwell Publishers.

Bianchi, A., & Phillips, J. G. (2005). Psychological predictors of problem mobile phone use. *CyberPsychology & Behavior*, 8(1), 39~51.

Billieux, J., Van der Linden, M., & Rochat, L. (2008). The role of impulsivity in actual and problematic use of the mobile phone. *Applied Cognitive Psychology*, 22(9), 1195~1210.

Corsini, R. J. (1994). *Encyclopedia of Psychology*(2nd ed., Vol. 1). New York: J. Wiley & Sons.

Ericsson Mobility Report(2013). Ericsson mobility report: On the pulse of the networked society. Available at: http://www.ericsson.com/res/docs/2013/ericsson-mobility-report-november-2013.pdf

Goodman, A. (1989). Addiction defined: Diagnostic criteria for addiction disorder. *American Journal of Preventive Psychiatry and Neurology*, 2(1), 12~15.

Herzlich, C. (1973). *Health and Illness: A Social Psychological Analysis*. London: Academic Press.

Jones, E. E., & Nisbett, R. E. (1971). *The Actor and the Observer: Divergent Perceptions of the Causes of Behavior*. New York: General Learning Press.

Kwon, M. , Kim, D. J. , Cho, H. , & Yang, S. (2013). The smartphone addiction scale: Development and validation of a short version for adolescents. *PLOS one*, *8*(12).

Lin, Y. H. , Chang, L. R. , Lee, Y. H. , Tseng, H. W. , Kuo, T. B. , & Chen, S. H. (2014). Development and validation of the smartphone addiction inventory(SPAI).

Moscovici, S. (1984). The phenomenon of social representations. In R. M. Farr & S. Moscovici(Eds.). *Social Representations*(pp. 3~690). Cambridge: Cambridge University Press.

Ofcom(2014). The communications market 2014 UK. Retrieved from http://stakeholders. ofcom. org. uk/market-data-research/market-data/communications-market-reports/cmr14/uk

Penz, E. (2006). Researching the socio-cultural context: Putting social representations theory into action. *International Marketing Review*, *23*(4), 418~437.

Prensky, M. (2001). Digital natives, digital immigrants part 1. *On the Horizon*, *9*(5), 1~6.

Vaast, E. (2007). Danger is in the eye of the beholders: Social representations of information systems security in healthcare. *The Journal of Strategic Information Systems*, *16*(2), 130~152.

Wood, W. , & Neal, D. T. (2007). A new look at habits and the interface between habits and goals. *Psychological Review*, *114*(4), 843~863.

Young, K. S. , & Abreu, C. N. (2010). *Internet Addiction: A Handbook and Guide to Evaluation and Treatment*. Hoboken, NJ: J. Wiley & Sons.

8장. 무선통신 기기도 사회적인 관계를 가질 수 있나?

Bharadia, D. , McMilin, E. , & Katti, S. (2013, August). Full duplex radios. *ACM SIGCOMM Computer Communication Review*, *43*(4), 375~386.

Gupta, P. , & Kumar, P. R. (2000). The capacity of wireless networks. *IEEE Transactions on Information Theory*, *46*(2), 388~404.

Hwang, Y., Kim, S. L., Sung, K. W., & Zander, J. (2012). Scenario making for assessment of secondary spectrum access. *IEEE Wireless Communications*, *19*(4), 25~31.

Jung, J. H., Park, S., & Kim, S. L. (2010). Multi-robot path-finding with wireless multihop communications. *IEEE Communications Magazine*, *48*(7), 126~132.

Jung, S. Y., Lee, H. K., & Kim, S. L. (2013). Worst-case user analysis in poisson voronoi cells. *IEEE Communications Letters*, *17*(8), 1580~1583.

Kim, D. M., Hwang, Y. J., Kim, S. L., & Jin, G. J. (2011). Testbed results of an opportunistic routing for multi-robot wireless networks. *Computer Communications*, *34*(18), 2174~2183.

Kim, M., & Takahashi, Y. (2013). Spectrum comment: Spectrum auction results are credit positive for major Korean telcos (Research Report No. 157997). Retrieved from Moody's Investor Service website: https://www.kisrating.com/include/pdf_view.asp?menu=M2&gubun=2&filename=20130905_1.pdf

Kim, S. L., Wu, D. O., & Schiling, K. (2012). Machine and robotic networking (Editorial). *IEEE Network*, *26*(3), 4~5.

Lee, H. K., Kim, D. M., Hwang, Y., Yu, S. M., & Kim, S. L. (2013). Feasibility of cognitive machine-to-machine communication using cellular bands. *IEEE Wireless Communications*, *20*(2), 97~103.

Park, J., Kim, S. L., & Zander, J. (2014, December). Asymptotic behavior of ultra-dense cellular networks and its economic impact. *Global Communications Conference (GLOBECOM)*, *2014 IEEE*, 4941~4946.

Qualcomm (2013). Extending LTE advanced to unlicensed spectrum. White Paper.

Roh, W., Seol, J. Y., Park, J., Lee, B., Lee, J., Kim, Y., Cho, J., Cheun, K., & Aryanfar, F. (2014). Millimeter-wave beamforming as an enabling technology for 5G cellular communications: Theoretical feasibility and prototype results. *IEEE Communications Magazine*, *52*(2), 106~113.

Yu, S. M., & Kim, S. L. (2013, May). Downlink capacity and base station density in cellular networks. *Modeling & Optimization in Mobile*, *Ad Hoc & Wireless Networks*(*WiOpt*), 2013 11th International Symposium, IEEE, 119~124.

9장. 인터넷 검색서비스에 산업규제를 적용할 것인가?

김대호(2007). "미디어 산업에 대한 규제 체계의 패러다임 변화". 〈사이버커뮤니케이션학보〉, 24호, 195~223.

김정환·박지은·김수원·김성철(2014). "수평적 규제체계로의 전환에 대한 연구: 국민들의 인식을 중심으로". 〈정보통신정책연구〉, 21권 1호, 85~108.

박정훈(2013). "잊혀질 권리와 표현의 자유, 그리고 정보프라이버시". 〈공법학연구〉, 14권 2호, 569~602.

양재모·김성필(2004). "온라인서비스제공자의 불법행위책임과 저작권법개정의 문제점". 〈한양법학〉, 16집, 7~37.

오병철·강일신·김태훈·김현주·이준규(2011). "FCC의 의사결정 과정과 의사제도 조사". 〈방송통신정책연구〉, 11-진흥-마 05.

이상우(2006). "통신·방송 융합시대의 수평적 규제체계". 〈KISDI 이슈리포트〉, 6권 4호.

이태규(2002). "인터넷사업자 책임에 관한 사례연구: 미국 판례와 입법례를 중심으로". 〈연세법학연구〉, 8권 2호, 373~389.

정현준(2005). "미국 통신시장 규제의 역사와 통신법 개정 움직임". 〈정보통신정책〉, 17권 16호, 1~22.

홍완식(2004). 《EU의 입법에 관한 연구》. 법제처.

홍승진(2003). "미국의 Digital Millennium Copyright Act 제정과 관련판례에 대한 고찰". 세계법제정보센터. Retrieved from http://world.moleg.go.kr/World/NorthAmerica/US/trend/1033?pageIndex=21

Adler, R. (2013). Rethinking communications regulation. Report of the 27th Annual Aspen Institute Conference on Communications Policy. Washington, DC: Aspen Institute.

Almunia, J. (2012). Statement of VP Almunia on the Google antitrust investigation. *Press Room Brussels*, *21*. Retrieved from http://europa. eu/rapid/press-release_SPEECH-12-372_en. htm

Ammori, M. , & Pelican, L. (2012). Competitors' proposed remedies for search bias: Search "neutrality" and other proposals. *Journal of Internet Law*, *15*(11), 1~14.

Andrejevic, M. (2013). Public service media utilities: Rethinking search engines and social networking as public goods. *Media International Australia*, *146*, 123~132.

Arthur, C. (2014. January 15). Google warned of 'last opportunity' to settle European antitrust case. *The Guardian*. Retrieved from http://www. theguardian. com/technology/2014/jan/15/google-warned-last-opportun-ity-settle-european-antitrust-case

Blair, R. D. , & Piette, C. A. (2005). Interface of antitrust and regulation: Trinko, *Antitrust Bulletin*, *50*, 665~685.

Bracha, O. , & Pasquale, F. (2008). Federal search commission: Access, fairness and accountability in the law of search. *Cornell Law Review*, *93*, 1149~1210.

Crane, D. A. (2012). Search neutrality and referral dominance. *Journal of Competition Law & Economics*, *8*(3), 459~468.

Cherry, B. A. , & Bauer, J. M. (2004). Adaptive regulation: Contours of policy model for the internet economy. In 15th Biennial Conference of the International Telecommunications Society.

European Union Commission(2007). Commission recommendation of 17 December 2007 concerning relevant product and service markets within the electronic communications sector. *Official Journal of the European Union*, 65~69.

_____(2009). Directive 2009/140/EC of the European parliament and of the council of 25 November 2009.

_____(2012). Commission proposes a comprehensive reform of dataprotection rules to increase users' control of their data and to cut costs for businesses. Retrieved from http://europa. eu/rapid/press-release_IP-12-46_en. htm?locale=en

Franklyn, D. J., & Hyman, D. A. (2013, July 1). Review of the likely effects of Google's proposed commitments dated April 25, 2013. Retrieved from http://www.fairsearch.org/wp-content/uploads/2013/07/FS-Survey-Results-on-Effects-of-Googles-Proposed-Commitments.pdf

Genachowski, J. (2011, December 7). Remarks of FCC Chariman Julius Genachowaski〔Speech〕. U.S.-China Internet Industry Forum. Retrieved from FCC website: http://www.fcc.gov/document/chairman-genachowski-us-china-internet-industry-forum

Goldman, E. (2011). Revisiting search engine bias. *Willam Mitchell Law Review*, *38*(1), 96~110.

Hazan, J. (2013). Stop being evil: A proposal for unbiased Google search. *Michigan Law Review*, *111*(5), 789~820.

Kennard, W. E. (1999, March 11). A stable market, a dynamic internet 〔Speech〕. Legg Mason. Retrieved from FCC website: http://www.fcc.gov/Speeches/Kennard/spwek910.html

_____(2000, January 28). Internet: The American Experience〔Speech〕. Internet & Telecommunications: The Stakes. Retrieved from FCC website: http://www.fcc.gov/Speeches/Kennard/2000/spwek004.html

Lao, M. (2013). Neutral search as a basis for antitrust action?. *Harvard Journal of Law & Technology*, *26*(2), 1~12.

Litan, R. E., & Singer, H. J. (2012). Are Google's search results unfair or deceptive under section 5 of the FTC act?. Retrieved from SSRN website: http://dx.doi.org/10.2139/ssrn.2054751

Manne, G. A., & Wright, J. D. (2011). If search neutrality is the answer, what's the question?. ICLE Antitrust & Consumer Protection Program, White Paper Series. Retrieved from SSRN website: http://ssrn.com/abstract=1807951

McDowell, R. M. (2009, November 12). Questions to ask regarding internet regulation〔Speech〕. Institute for Policy Innovation(IPI) Communications Summit. Retrieved from FCC website: http://www.fcc.gov/events/speech-questions-ask-regarding-internet-regulation

_____(2011, December 8). The Year of U.N. Regulation of the Internet?

[Speech]. Telecommunications Policy & Regulation Institute. Retrieved from FCC website: http://www.fcc.gov/document/mcdowell-2012-year-un-regulation-internet

_____(2012, June 28). The siren call of "Please Regulate My Rival": A recipe for regulatory failure[Speech]. Retrieved from FCC website: http://www.fcc.gov/document/commr-mcdowells-speech-possible-itu-regulation-internet

Noam, E. M. (2010). Regulation 3.0 for telecom 3.0. *Telecommunications Policy*, *34*(1), 4~10.

Pasquale, F. A. (2008). Internet nondiscrimination principles: Commercial ethics for carriers and search engines. *University of Chicago Legal Forum*, 263~299.

Werbach, K. (1997). Digital tornado: The internet and telecommunications Policy(No. OPP-WP-29). Federal Communications Commission Washington DC Office of Plans and Policy. Retrieved from FCC website: http://www.fcc.gov/working-papers/digital-tornado-internet-and-telecommunications-policy

Wheeler, T. (2013, December 2). Net effects: The past, present & future impact of our networks - History, Challenges and Opportunities[Blog]. Retrieved from FCC website: http://www.fcc.gov/page/net-effects-past-present-and-future-impact-our-networks

Whitt, R. S. (2007). Adaptive policy making: Evolving and applying emergent solutions for U. S. Communications Policy. *Federal Communications Law Journal*, *61*(3), 483~589.

찾아보기

김성철

현재 고려대학교 미디어학부 교수로서 미디어경영과 뉴미디어를 가르치고 있으며, 고려대학교 도서관장 보직을 맡고 있다. 서울대학교 경영학과를 졸업하고 서울대학교 대학원에서 경영학 석사학위를 받았고 미국 미시간주립대학교에서 텔레커뮤니케이션 전공으로 석사학위와 박사학위를 취득했다. SK에서 13년간 정보통신분야 신규사업을 담당하였고 개방형 직위인 서울특별시 정보시스템 담당관을 거쳐 카이스트(구 한국정보통신대학교) IT 경영학부 부학부장, 한국전자통신연구원(ETRI) 초빙연구원, 고려대학교 부설 정보문화연구소장, 한국미디어경영학회 9, 10대 회장 등을 역임했다. 저서로는《창업기획: 창업, 어떻게 실행할 것인가》(2014, 공저) 등 16권의 공저가 있고, 국내외 저명 학술지에 70여 편의 논문을 게재했다.

권영선

현재 카이스트 기술경영학과 교수로서 인터넷, 미디어, 통신산업의 규제정책에 대한 연구를 수행하고 있고, 동 분야의 전문가로서 정부와 산업계에 자문 서비스를 제공하고 있다. 카이스트 기술경영학과 학과장과 기술경영전문대학원 원장 직을 수행하고 있고, 카이스트 부설 주파수와 미래연구소 소장으로서 주파수 기반 인터넷 생태계 연구를 주도하고 있다. 2009년부터 2011년 사이 국가정보화전략위원회 IT서비스 분과위원장으로 스마트 교육, 스마트 의료 및 건강관리, 스마트 관광정책 수립을 주도했고, 정보통신정책학회·한국미디어경영학회·한국정보사회학회 이사로 활동하였다. 연세대학교 행정과를 졸업하고 서울대학교 행정대학원에서 행정학 석사학위를 받았으며 미국 시라큐스대학교에서 경제학 박사학위를 취득하였다. 경제기획원과 재정경제부에서 11년간(1990~2001) 경제기획 및 물가정책 업무를 담당했다.

김민기

현재 카이스트 경영대학에서 경제학 구조 모형(Structural Modeling)에 기반을 둔 계량 마케팅(Quantitative Marketing)을 가르치고 있다. 서울대학교 경제학부를 졸업하고 미국 시카고대학교에서 경제학 석사학위와 박사학위를 취득하였다. 급변하는 기업 환경에서 실제로 활용 가능한 마케팅 전략 도출을 위해 전산학, 전자공학, 디자인 분야 연구자들과의 융합 연구도 활발히 수행하고 있으며, 최근에는 소셜 미디어 빅데이터를 활용한 최적 바이럴 마케팅 전략 연구에 초점을 맞추고 있다. *Journal of Marketing Research*, *Quantitative Marketing & Economics*, *International Journal of Research in Marketing* 등 국내외 학술지에 다수의 논문을 발표한 바 있다.

김성륜

현재 연세대학교 전기전자공학부 교수로 재직 중이며 전파연구센터(Center for Flexible Radio) 센터장이다. 스웨덴 왕립공과대학(KTH Royal Institute of Technology)의 Dept of Signals, Sensors, System에서 조교수를 지냈다. 이동통신 및 제어공학 분야의 학술지인 *IEEE Transaction on Vehicular Technology*, *IEEE Communication Letters*, *Control Engineering Practice*, *ICT Express*, *Journal of Communications and Networks*에서 편집위원(Associate Editor, Editor)을 담당했고, 관련 분야 국제 학술대회의 운영위원, 기술위원 및 위원장으로 활동해 왔다. 최근에는 무선통신과 로봇 분야의 접목을 시도하고 있고, 관련하여 *IEEE Wireless Communications*와 *IEEE Network* 등의 학술지에서 특집호를 출판하기도 했다. 주요 연구분야는 동적스펙트럼제어, 네트워크 정보이론, 5G 이동통신 및 소형로봇 간의 통신시스템 설계이다.

남찬기

현재 카이스트 기술경영학과 교수로 재직 중이다. 서울대학교 경영대학을 졸업하고 미국 조지아주립대학교에서 경영학 박사학위를 취득한 후 정보통신정책연구원에서 10여 년 동안 우정정책연구실장, 기획조정실장, 경영전략연구실장 등을 역임하면서 정보통신 분야의 전문지식을 쌓아 왔다. 2001년 한국정보통신대학교에 부임한 이후 IT경영학부장, IT경영연구소장, 기획처장 등의 보직을 수행하였다. 주요 관심사항은 정보통신산업에 대한 경영학적 분석이며, 50여 편의 연구 보고서와 국내외 저명 학술지에 40여 편의 논문을 발표하였으며, 한국정보사회학회회장을 지내기도 하였다.

류민호

현재 네이버 인터넷산업연구팀 팀장, 미디어 경영학회 기획이사로 활동 중이다. 성균관대학교에서 산업공학 학사, 카이스트에서 IT 경영학 석사·박사학위를 받았다. 이후 미시간주립대학교 Quello Center for Telecommunication Management & Law에서 박사 후 과정을 보냈다. 관심 분야는 인터넷(미디어) 산업 및 정책, 인터넷 비즈니스 모델, 인터넷과 전통 미디어 간 경쟁 등이다. 국내외 저명 학술지에 다수의 논문을 게재했다.

안정민

현재 한림대학교 국제학부에서 정보법과학 전공 교수로 재직 중이다. 연세대학교에서 행정법 박사학위를 받았고 미국 뉴욕 주 변호사이다. 방송통신위원회 및 미래창조과학부의 미디어 정책 수립에 참여하고 있으며 방송통신법 및 인터넷 미디어 규제에 대하여 연구하고 있다.

이홍규

현재 카이스트 기술경영학과에서 경영전략론, 비즈니스 모델을 가르치고 있으며 사회기술혁신연구소 소장을 맡고 있다. 서울대학교 정치학과를 졸업하고 오리건주립대학교 경영대학원에서 MBA, 외국어대학교에서 경영학 박사학위를 취득하였다. 1975년 행정고시에 합격한 후 상공부에서 통상 및 산업 분야의 정책수립을 담당하였으며, 프랑스 상무관, 대통령비서실 정책2비서관 등을 역임하였다. 2000년 이후 ㈜ 메디슨 부사장, 한국정보통신대학교 경영학부장, 한국정보사회학회 회장, 유네스코 한국위원회 위원, 한-중 전문가 공동위원회 위원, 산업통상자원부 정책자문회의 위원, 경제자유구역위원회 위원, 산업기술평가원 비상임 감사 등으로 활동하였다. 저서로는 《뉴미디어 시대의 비즈니스 모델》(2011) 등 4권 (공저 포함) 이 있으며, 국내외 학술지에 다수의 논문 (공저 포함) 을 게재하였다.

정윤혁

현재 울산과학기술원 경영학부 교수로 재직 중이다. 루이지애나주립대학교 (Louisiana State University) 에서 경영정보학 박사학위를 취득했고, 디지털미디어, 모바일 서비스, 의료정보시스템 영역에서 정보기술 사용자에 대한 연구를 하고 있다. 주요한 저술 및 논문으로는 "Response to Potential Information Technology Risk: Users' Valuation of Electromagnetic Field from Mobile Phones" (2015, 공저), "What a Smartphone is to Me: Understanding User Values in Using Smartphones" (2014), "Virtual Goods, Real Goals: Exploring Means-End Goal Structures of Consumers in Social Virtual Worlds" (2014, 공저) 등을 국외 저널에 발표했다.

최세정

현재 고려대학교 미디어학부 교수로서, 2002년부터 2012년까지 미국 텍사스-오스틴대학교 광고학과에서 조교수와 부교수로 재직했다. *Journal of Advertising*, *International Journal of Advertising*, *Journal of Interactive Advertising* 초청편집위원장과 편집위원, 미국광고학회(American Academy of Advertising), 한국미디어경영학회, 한국광고학회 이사를 역임했거나 역임하고 있다. 광고, 소비자행동, 뉴미디어 분야에서 다수의 논문을 국제 학술지에 게재했다.